オートクチュールの
ビーズ刺繍

クロッシェ・ド・リュネビルとニードルによるパターン＆モチーフ集

杉浦今日子

Kyoko Sugiura

誠文堂新光社

Les créations de Kyoko Sugiura

Fleur de Titan（部分）　66×51cm　2017年

Crescent moon　50×50cm　2017年

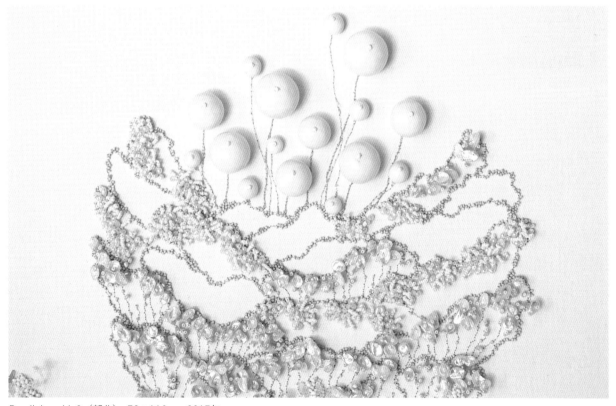

Parallel world-2-（部分）　73×116cm　2017年

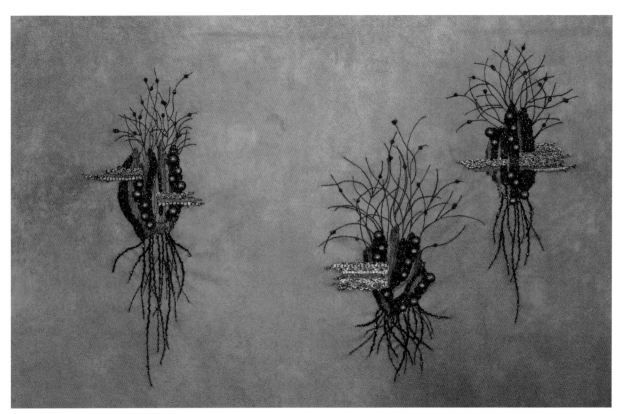

Minéraux et végétaux-8-　86×116cm　2016年

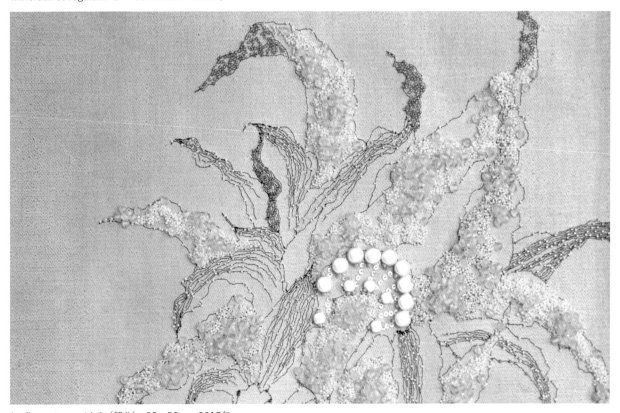

La fleur et son nid-1-(部分)　85×50cm　2017年

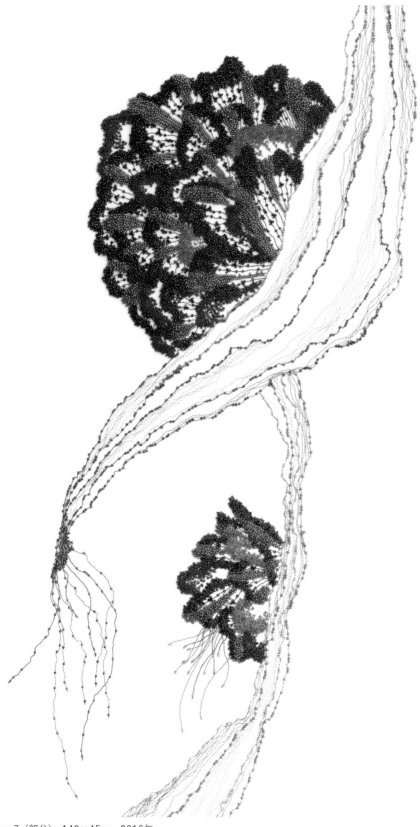

Herbier-7-(部分)　140×45cm　2016年

Table des matières　目次

私のオートクチュール刺繍

　パリの刺繍工房でオートクチュールの刺繍制作に携わるようになって、もう長い年月が経ちました。世界中でパリでしか行われないオートクチュールのコレクション発表は、たった一着のドレスのために何人もの職人が長い時間をかけて取り組みます。細かなことにも妥協しないていねいな仕事で、人の心を打つ力のある作品を創る…。私がオートクチュールの現場で学んだのは、技術はもちろん、こうしたものづくりに対する姿勢と精神でした。

　それは自分の作品制作においても、常に上を目指してよりよいものを作るという思いとなって、私の創作活動を支えてきました。厳しい現場の中で学んだ技法、そこから応用を重ねて生み出した数々の工夫。その一端を多くの方にお伝えしたいという思いがひとつの本になりました。この本では、数限りないオートクチュールの素材の中からビーズを使った118のパターン＆モチーフをお届けします。

世界が憧れるビーズ、MIYUKI Beads

　フランスでビーズを使って仕事をしているクリエイター、刺繍職人で日本のMIYUKI Beadsを知らない人はいない、と言っても過言ではありません。粒がきれいに揃っていて、色数も形の種類も豊富。その美しいジャパンクオリティのビーズは、本場のオートクチュール刺繍でも、また私の作品にもたくさん使われています。この本でも、その豊かなバリエーションを生かしてモチーフを作りました。世界が憧れる素材が織りなすオートクチュールのビーズ刺繍です。

道具のこと

道具は自分の手になじみ、作ることを楽しめるものを選ぶことが大切です。
ここでは私がふだん仕事で使っているものを紹介します。
あなたのお気に入りを見つける参考にしてください。

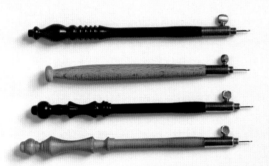

クロッシェ・ド・リュネビル

この技法が生まれた土地の名前をとってこう呼ばれています(本書では「クロッシェ」と表記)。先がカギになっている針を専用の柄につけて使います。ビーズ刺繍には70番、80番が一般的。私は主に70番を使いますが、糸の種類や太さで替えています。柄は、私は握力がないので太めの方が好きですが、お好みで。クロッシェの針は鋭利で危険なので、コルクに刺して保管します。

針

オートクチュール刺繍＝クロッシェというイメージが強いですが、実際の現場では針もかなり使います。私がよく使うのはみすや針の「きぬつま針」と、手縫い針の9番、またはビーズ刺繍針10番、11番。細くて長い針が必要なアンフィラージュのときはJohn Jamesのビーズ針12番か13番を使っています。針は番号が大きいほど細くなります。

刺繍枠

作る作品の大きさにもよりますが、ふだんは横幅1m20cmか、2mの長方形の刺繍枠を使っています。小さいサンプル刺しをするときはテーブルにつけられる丸い刺繍枠で。クロッシェは両手が使えることが必須ですが、針で刺すときもビーズ刺繍は両手を使うと作業がとてもしやすくなります。普通の丸枠しかない場合は大きなクリップで刺繍枠をテーブルに留めるなど、工夫してみてください。

パテ

ビーズなどの材料をのせるトレーのことです。私はスチレンボードをカットして布や革を貼り、コードやリボンで飾って手作りしています。布を貼ると針の当たりがよく、ビーズがすくいやすくなります。

糸のこと

丸小、丸特小など小さいビーズを刺すときは60番ミシン糸程度の太さが適しています。
針で刺す場合は2本どりにすると強度が増します。色は基本的にビーズまたは布の色に合わせます。

素材はコットンでもポリエステルでもかまいませんが、大きいビーズや立体的な図案、断面で糸が切れやすい竹ビーズを刺すときなどは丈夫なポリエステルがおすすめ。ステッチをデッサンのように使いたい場合はツヤがあって刺しやすい「MIYUKIビーズステッチ糸」を使っています。額装やバッグなど、肌に直接触れないものには布やビーズの色を選ばない透明な糸も便利です。ただし表面がツルツルで刺しづらいので中級以上の方におすすめ。玉結びがほどけやすいので、長めに糸を残してカットするなどの注意も必要です。

布のこと

ビーズ刺繍はどんな布にも刺せますが、目の詰まった布のほうが刺しやすいのでおすすめ。
作るもの、図案やビーズの種類、テクニックなどに合わせて選びます。

薄いもの

一番下に敷いた茶色の布がシルクオーガンジー、生成りのシルクモスリン、一番上が黒のチュール。

厚いもの

左からリネン、コットン、綿とポリエステルの混紡でチンツ加工をしたもの、シルクの着物地、シルクの帯の生地。

ビーズのこと

本書で使用した主なビーズを紹介します。

丸ビーズ
Round Rocailles

フランスではロカイユ（小石という意味）と呼ばれ、もっともよく使われる形です。並べたり、面にびっしりと刺したり、いろいろな場面で使えます。サイズと色数が豊富にあり、同じ色番でも大きさでまったく違うニュアンスになるので、あえて同じ色の大小を混ぜて使うとおもしろい効果を生み出します。

8/0（丸大）　　　　　　　　　11/0（丸小）

デリカビーズ
Delica Beads

ビーズステッチやビーズ織りに適したビーズというコンセプトで開発されたもの。筒をカットしたような形で穴が大きく、針を何度も通すことができます。私は一般的な11/0よりワンサイズ小さいプレシジョンカット（15/0）に心を奪われました。本書では植物モチーフの中で多く使用しています。

11/0　　　　　　　　　　　　15/0

スレンダービューグル
Slender Bugle Beads

従来の竹ビーズよりも細身で繊細な表現ができ、特小ビーズなどとも相性のいいビーズです。本書の細やかな表現のレースモチーフや、特大ビーズと合わせた「動く」モチーフ作りに欠かせないビーズです。

1.3×6mm　　　　　　　　　　1.3×3mm

ツイストビーズ
Twisted Beads

六角形のチューブ（竹ビーズ）にねじりが入ったもの。光の反射で陰影ができ、独特な存在感があります。本書では平面だけでなく、立てて立体にしたり、斜めにしたりと多彩な使い方をしていますので、その面白い効果を楽しんでみてください。

2.0×12mm

2cut

ティラビーズ
TILA Beads

四角い形にふたつの穴というユニークなビーズ。他にはない形が、フランスをはじめ世界中のビーズファンを虜にしています。面のサイズが大きい分、迫力のあるデザインができます。

ノーマル

ハーフ

クリスタルビーズ
Crystal Glass Beads

クリスタルガラスにカットを施し、光が当たるとキラキラと宝石に負けない輝きを放つクリスタルビーズ。日本でも大人気のビーズですが、オートクチュールの刺繍でもキーアイテムとしてよく使われています。

Toupie(ソロバン)4mm

Boule(ラウンド)6mm

ビーズの加工

グラスビーズは加工により彩色されたりコーティングされているものがあります。見た目の違いはもちろん、洗濯やクリーニングができるかどうかなどの取り扱いの方法も異なります。ここではその一部を紹介します。

ガラス自体に色がついているもの

色落ちや色移りを気にせず使えます。洗濯やドライクリーニングにも強いのが特徴。

スキ
Transparent
有色透明なビーズ。中を通る糸や布の色でニュアンスが変わります。

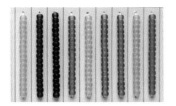

ツヤ消し
Transparent Frost
有色透明なビーズにツヤ消し加工したもの。落ち着いた雰囲気になります。

ギョク
Opaque
有色不透明なビーズ。糸や布の色に影響されず、色そのものがくっきりと出ます。

焼きつけの加工がしてあるもの

加工のあとに熱処理をして定着させたもの。比較的色持ちがよい。

メタリックマット
Metallic Frost
金属のような硬質な味わいながら他の素材とも相性がよく、使い勝手がいい。

スキラスター
Transparent Luster
透明なビーズにさらにラスター（透明な光彩）加工をしたもの。キラキラ感が増します。

スキレインボー
Transparent Rainbow
透明なビーズに虹色の光彩をかけたもの。元のガラスの色とは違うニュアンスが加わります。

メッキ、染めで色をつけたもの

表面や穴の中に金属でメッキをしたり、顔料や染料で色をつけたもの。摩擦や汗に弱いので注意。

銀引き
Silverline
穴の部分に本物の銀でメッキを施したもの。美しい輝きが特徴。針先でメッキがとれることもあるので注意。

着色（外色付）
Outside Dyed Color
顔料や染料で色をつけたもの。美しい色合いだが汗などに弱く、色落ち、色移りすることがあるので色の薄い布は避けたほうが無難です。

プレシャスビーズ
Special Plating
純金のメッキやパラジウムメッキを施したもの。極上の輝きを持つ作品に仕上がります。

出典：MIYUKIビーズ公式サイト　https://www.miyuki-beads.co.jp/introductionz/processkinds.html

Bases de la broderie perlée　ビーズ刺繍の基礎

針とクロッシェ

オートクチュールの刺繍は、針とクロッシェの両方でなされます。クロッシェはビーズやスパンコールを早く、きれいに揃えて刺していくのに有効です。対して素材を立体に刺していくなどの表現は針の得意技。まず図案を考えたら、どの部分がクロッシェで刺せるのか、どの部分が針でしか刺せないのかを見極めます。

アンフィラージュ

クロッシェで刺す場合は、はじめに縫う糸にビーズを通しておく必要があります。これをアンフィラージュ(enfilage)といいます。針での刺繍には必要ありません。最初から糸に通して売られている「糸通しビーズ」は、縫い糸に通し直してから使います。

「糸通しビーズ」の場合

ビーズを通してある糸の端に輪を作り、縫い糸を通します。

縫い糸

ビーズを縫い糸に移します。結び目から糸が抜けないように注意。

「バラビーズ」の場合

1種類、または数種類をランダムに混ぜる場合は容器にビーズを入れ、糸を通した針をくぐらせます。図案通りの順番に通す場合はパテに必要なビーズを出し、針で順番通りに拾っていきます。

クロッシェのスタンバイ
クロッシェのかぎ針は柄から1cmほど出し、かぎの向きとビスの向きが同じになるようにします。

刺し始めと刺し終わり

ステッチ＝縫い目のことをポワン(point)といいます。本書では、ひと針目刺すことを「ポワンを入れる」と表現しています。刺し始めと刺し終わりには必ず、途中にもまめに小さなポワンを入れることで糸がゆるまずにビーズがきちんと固定されます。

[刺し始め]

針の場合は糸端を玉結びにし、小さく十字に刺してすぐ脇から針を出し、十字の中心に糸を割るように刺してからビーズを入れて刺し始めます。クロッシェの場合は小さいポワンを3〜4回行ったり来たりしてからビーズを入れて刺し始めます。

[刺し終わり]

針の場合は最後に刺したビーズの下で小さいポワンをひとつ刺し、きっちりと玉留めをして糸を2〜3mm残して切ります。クロッシェの場合は同じ位置に3回重ねて刺して結び目を作り、糸を切ります。

1.ひとつずつ刺す

本書では「ラインで刺す」と表現していますが、ビーズ刺繍の基本となる刺し方です。ビーズの種類や大きさを替えたり混ぜたり、色をミックスしたりと、この刺し方だけでもいろいろな表現が可能です。

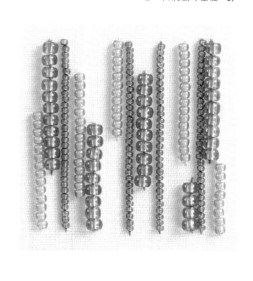

★針で刺す

基本は返し縫いで刺しますが、ニットなど伸縮性のある布には並縫いで。布の伸び縮みに柔軟なのでつれません。針の場合は布の表から刺します。

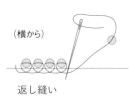

（横から）

返し縫い

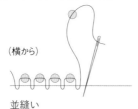

（横から）

並縫い

針を表に出すとき。布の下で糸を張って、たるまないようにしながら糸を引きます。

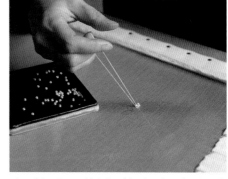

ビーズを入れて、針を裏に刺したとき。布の上で糸を張ってたるまないようにしながら糸を引きます。

★クロッシェで刺す

クロッシェは裏から刺すので、最初はオーガンジーなどの透ける布がおすすめです。利き手でクロッシェを持ち、もう片方の手でアンフィラージュしたビーズを持ち、布の裏にスタンバイします。

進行方向は利き手や好みによって違うので、やりやすい方向で。

（横から）

①ひと針目分進んだところにクロッシェを刺し込みます。

（横から）
180°

②ビーズをひとつ入れて糸をクロッシェにかけ、クロッシェを半回転させます。

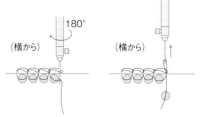

（横から）

③クロッシェを進行方向に押すようにして引き上げます。

2.まとめて刺す

数個のビーズをまとめて刺すと、ビーズの間が密着してなめらかなラインになります。ただし一度に刺すと素材の重みで糸がゆるみやすくなるので、刺し込んだビーズの下で小さいポワンをひとつ刺しながら進みます。このポワンを入れるだけで糸のゆるみがおさえられ、美しいラインを保つことができます。

★針で刺す

ここでは丸小ビーズ4個ずつのラインを刺します。ビーズの下に小さくポワン（返し縫い）を入れながら進みます。

↑ 小さくポワン

★クロッシェで刺す

針目の間に小さくポワンを入れながら刺します。4個のビーズを合わせた長さよりも、針目の長さを気持ち長くするとビーズがきれいにラインにおさまります。

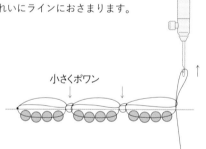

小さくポワン

Motif 7

4個ずつをまとめて刺した格子模様。交差点の部分にポワンを入れてあります。

先に刺したラインの上をまたいで刺したボリュームのある格子模様。

左の斜め格子の上にさらに格子を重ねて立体的な表現に。上にかかる方が長さが必要なので、ビーズの数を加減します。

3.軽いラインを刺す

間にビーズを入れないステッチ＝空ポワンをはさむと見た目にも重量的にも軽やかなラインになります。規則的にしたり、不規則にしたり、糸の色を生かしたりなど、デザインの幅が広がります。

★針で刺す

ビーズを入れた次は、同じ針目でひと針返し縫い（または並縫い）をします。

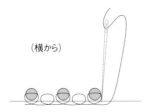

（横から）

★クロッシェで刺す

ビーズを入れない空ポワンをひと目間に入れます。

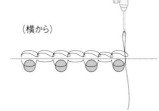

（横から）

★シュネット

ビーズを入れないクロッシェのステッチは、いわゆるチェーンステッチになります。これをシュネット（chaînette）といいます。刺している側（布の裏）から見るとチェーン状、表から見ると━━━になっています。シュネットだけで線を描く場合、図案によって刺繍枠をひっくり返して使い分けます。

Motif 41

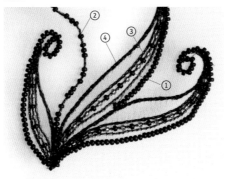

①は規則的に、②は不規則に空ポワンを入れています。③は表からのシュネット、④はシュネットを表と裏で二重に刺したもの。

Motif 24

規則的に空ポワンを入れ、縦横に刺した図案。糸の色もデザインのひとつ。

4.面を埋める～ヴェルミッセル

ビーズ刺繍では、面を埋める場合にもっともよく使うステッチのひとつがこの
ヴェルミッセルです。くねくねと曲がりながらビーズやスパンコールをいろい
ろな向きに刺していく手法で、まるで点描画のような雰囲気が生まれます。

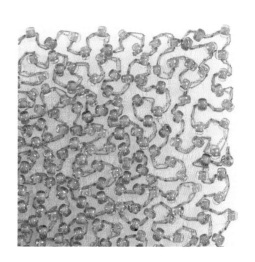

★針で刺す

基本的にはクロッシェのテクニックですが、針で刺す場合は、ひと針ひと針ビー
ズが違う方向を向くように刺します。次に向かう方向と反対側に針を入れる
のがコツ。伸縮性のある布や柔らかい布に刺す場合は並縫いの要領で刺します。

★クロッシェで刺す

基本の進み方。常に向きを変えることと角を作らないことがポイントです。

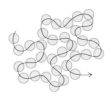

★密度の調節をする

写真のようにビーズの密度を変えてグラデーションを作ることができます。
境界線は直線ではなく、波線で区切ると自然なグラデーションになります。
zone 2、zone 3 では糸が見えるので、糸を透明や布に近い目立たない色にするか、
逆に目立たせてデザインの一部にします。

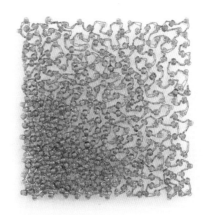

zone 1：ひと目ごとにビーズをひとつ刺す
zone 2：間に空ポワンを 1 目入れる
zone 3：間に空ポワンを 2 目入れる

5.コーチングステッチ

糸にビーズをまとめて通し、図案線に沿わせてところどころを布に留めつけていく技法のこと。切れ目のないなめらかなラインを描くことができます。クロッシェではできないので、針を使います。

★長い距離を刺す

針と糸を2本用意します。図案線の始まりから芯となる糸を出し、ビーズを通します。図案線に沿わせながら、別糸で布に留めていきます。

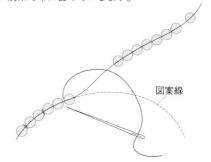

図案線

★短い距離を刺す

図案線の始まりから糸を出し、ビーズを必要分通します。図案線の終わりに刺し、小さいポワンを刺して留めます。ビーズの脇から針を出し、芯糸を留めていきます。

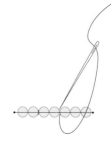

★カーブに刺す

布に留める糸はカーブの外側に出し、ビーズを外側に引いて形を図案の通りに整え、内側に刺して留めます。

★留める間隔は

どのくらいの間隔で布に留めるのかは、作るものや土台の布によって変わります。アクセサリーなどしっかりとつけたい場合はビーズひとつずつの間を留め、柔らかい布のドレスなどはドレープがきれいに落ちるよう、つれないように間隔をあけます。いろいろな大きさのビーズを混ぜる場合は、大きいビーズの両側を留めると形が安定します。

Motif 91

レースのモチーフはコーチングステッチを多用しています。

6.十字に刺す〜ポワンティレ

ポワンティレはクロッシェの技法。ティレは引くという意味で、一度刺したポワンの糸を引いてビーズをつけていく刺し方です。一度にビーズを複数個つけることもでき、面を埋めたり、竹ビーズを並べて刺したり、十字や放射状にビーズをつけることができます。

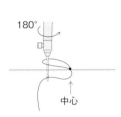

①十字の中心に始まりの留めをして、ビーズひとつ分先にクロッシェを刺し、糸をかけて半回転させます。

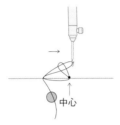

②糸を引き上げて中心まで引いて戻ります。

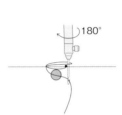

③元の位置(中心)に刺してビーズを入れ、糸をクロッシェにかけて半回転させます。

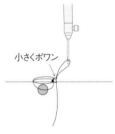

④糸を引き上げて、すぐ近くで小さいポワンをひとつ刺します。①〜④を繰り返します。

★枝分かれした図案をポワンティレで刺す

こんな図案は、ポワンティレを使うと無駄なく刺すことができます。

中心の幹はビーズをひとつずつ刺しながら進み、枝分かれしたところはポワンティレで枝の長さ分のビーズを入れます。

＜ポワンティレを使わない場合＞
枝分かれしている部分は、まずシュネットで枝の先まで進み、中心に戻りながらひとつずつビーズを入れて刺します。

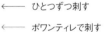

←──　ひとつずつ刺す

←──　ポワンティレで刺す

ポワンティレの手の動き（十字にビーズを刺す場合）

①十字の中心で刺し始めのポワンをします。

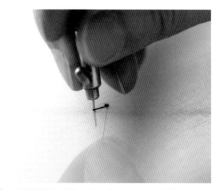

②ひと針目進んだところにクロッシェを刺します。

③糸をかけてクロッシェを上に上げます。

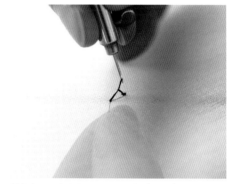

④糸をかけたままクロッシェを引いて中心に戻ります。このとき、シュネットの輪は縮まってなくなります。クロッシェを中心に刺し込みます。

⑤ビーズを入れて糸をかけ、クロッシェを上に出します。

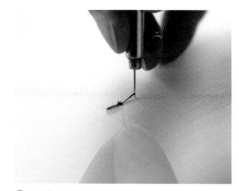

⑥その場で小さくポワンをひとつ刺したあと、十字の右側に進みます。①〜⑥を上下左右に繰り返して十字に刺します。

7.立体表現・1〜ビーズを立たせる

針にしかできない表現です。ビーズを重ねて立て、立体的にすることで圧倒的な存在感とインパクトを表現することができます。ビーズのパワーが発揮される刺し方です。

★基本の立たせ方

図のように、一番上のビーズを除き、糸をもう一度軸のビーズに通して布の同じ場所に針を刺し込みます。軸のビーズには2回針を通しますが、2回目のときに1回目の糸を刺してしまわないように、ビーズを根元まで入れた状態で通します。一度に通すビーズの数が多くなると、糸がゆるみやすくなります。ところどころに小さいポワンを刺し、糸を引きしめながら進みます。

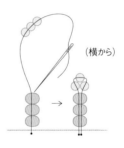

★輪に立たせる

ビーズを糸に通し、最初に糸を出したすぐ近くに針を入れます。ビーズの数を奇数にすると頂点がきれいに出ます。上記同様、小さいポワンを入れることを忘れずに。

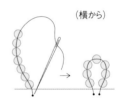

Motif 91

Motif 65

スレンダービューグルと丸特小を立たせて花芯を表現。

ティラビーズを丸特小のブリッジで安定させています。

8.立体表現・2〜フリンジを作る

ゆらゆらと揺れるビーズのフリンジは、どこにつけても存在感のある素敵なアイテムです。ビーズの組み合わせや長さを変えることで、いろいろなデザインに対応できます。

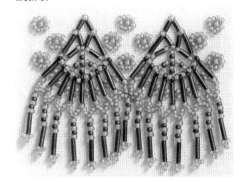

✴布の端につける

スカートの裾や袖口などにつける場合、布端の見えない部分で留めのポワンをして針を出します。ビーズを必要分通して戻り、布に刺し込んで糸の引き加減を調節してから留めのポワンをします。1本ずつ毎回留めのポワンをしながらつけます。

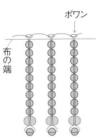

✴布の上につける

布の端につける場合と基本は同じ。ビーズを通して戻ってから糸の引き加減を調節して留めのポワンをします。最初のビーズのすぐ下を小さいポワンで留めると、しなやかに下がるフリンジになります。

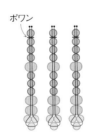

Motif 97

スレンダービューグルと丸小、丸特小ビーズのフリンジ。

✴きれいに仕上げるには

● 　一番大切なのは糸の引き加減。糸をぎゅっと締めすぎるとフリンジはしなやかに落ちず、きれいに見えません。逆にゆるすぎるとビーズの根元から糸が見えてしまいます。ちょうどいい引き加減を見つけてください。

● 　触ったり、ひっかかったりというリスクのあるものなので、糸は強いものを選び、最初と最後の留めをしっかりと。

● 　2度同じビーズに針を入れますが、適した太さの針を選ぶこと。また、2度目に通すときは最初の糸を針先で割らないように気をつけながら、ビーズを根元まで入れた状態で針を通します。

Motif 100

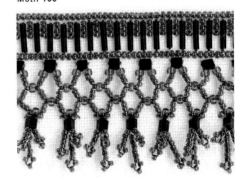

長さに変化をつけた3本の短いフリンジ。

これだけは守りたい大切なこと

ビーズ刺繍は、豊かな表現に手が届きやすい刺繍です。
もともとビーズが持っている美しさがあるので、
私たちはそれを上手に選び、ていねいに刺していけば
満足のいくものが出来上がります。
でも、次の点に気をつければ、さらにきれいに、
そして長く使えるものに仕上がります。

★裏で糸を長く渡らせない

［針の場合］
1cm以上離れた場所に移動するときは、裏で途中の糸にからげるか、
すでに刺したビーズの下で小さいポワンを入れながら移動します。
からげる糸がない場合は玉留めをして糸を切り、また新しく始めます。

［クロッシェの場合］
図案を飛んで別の場所に行くことができないので、そのつど糸留めをして糸を切ります。

★糸の引き加減、または糸がきちんと引けているかを確認しながら進める

ゆるいとビーズがぐらつき、強すぎると布を縮めたり、
オーガンジーなど薄い布では穴が開いてしまうこともあります。
糸の引き加減は作品の出来を左右する大事な要素です。
針で刺す場合(特に2本どり)は裏で糸がからまっていたり、
結び目ができていないか注意しながら進めます。

★ビーズの種類、大きさ、刺繍のテクニックによって適した糸を選ぶ

例えば、竹ビーズは断面で糸が切れやすく、また立体に刺す場合や、
大きい素材を服や小物に刺すと、手で触ったりこすれたりしてゆるみやすくなるので丈夫な糸が必要です。

★糸をゆるませないように、要所要所で小さいポワンをする

ビーズ数個を一度に通してまとめて刺す、大きい素材を刺す、立体に刺すなど、
糸がゆるみやすい刺し方をする場合は、次に進む前にこまめに
小さいポワン(針の場合はビーズの下で)を刺し、糸がゆるまないようにします。

★そして、刺繍をするときにとても大事なこと。布目を通して刺繍枠に布を張る

布目がゆがんでいると刺繍の美しさが台無しです。
布の縦横がきれいに垂直になるように刺繍枠に布を張ります。

パターン＆モチーフ集

刺し方について

- **針**＝針のみで刺せる
- **クロッシェ**＝クロッシェのみで刺せる
- **クロッシェ+針**＝部分的にクロッシェと針を
　　　　　　　　使い分けて刺す

本書で紹介しているパターンやモチーフは、以上の3パターンのいずれかで刺すことができます。
基本的にクロッシェでできることは針でもできますが、クロッシェのほうがきれいに刺せる場合もあります。
特におすすめの方法には、　がついていますので参考にしてください。

難易度について

★　　　初心者でもほぼ再現できる

★★　　中級者かある程度クロッシェが
　　　　使える人向け

★★★　糸の引き具合など、手加減にコツが
　　　　必要なので上級者向け

土台となる布や仕上げる作品によって変わりますので、あくまで目安にしてください。
同じ図案でも針とクロッシェでは難易度が違いますが、難しい方に合わせて★をつけています。
ただし、難しいと感じるかどうかは個人差があります。

★その他

- 特に記載がない場合、針の刺繍は布の表から、クロッシェの刺繍は布の裏から刺します。クロッシェで表から刺す場合はその旨記載してあります。

- 糸は特に指定のないものは60番程度の太さのポリエステル糸か透明な糸を使っています。

- 図案は特に指定のないものは5mmの方眼です。

- 本書で紹介するビーズの名称、品番はMIYUKIビーズのものです（クリスタルビーズをのぞく）。

面・線・格子

1-25

それ自体はシンプルですが、縁取ったり、塗りつぶしたり、
発想しだいでいろいろな図案にアレンジできるテクニックを集めました。

1 ボリュームのある線

芯になる線を刺し、上からさらにビーズでくるみます。丸みのある、太くてぼってりとした線を描くテクニックです。存在感を持たせたい縁取りなどに使えます。

★★
針/クロッシェ

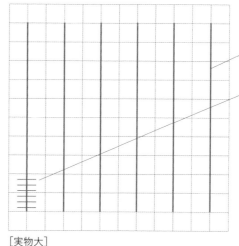

上からくるむビーズは、芯の線に対して垂直に、
すきまなく並べて刺します。

[実物大]
A丸小 11/0 #235（朱赤）

❶芯になるラインを刺す。Aをひとつずつ1列に刺す。

❷Aをアーチ型に4個ずつ刺し、芯をくるんでいく。クロッシェで刺す場合はポワンティレで。

（横から）

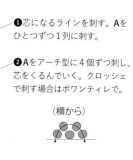

2　ド・ダン

「ロバの背中」と呼ばれるステッチです。真ん中が盛り上がっているのがロバの背中のように見えるのが由来のようです。スレンダービューグルを3個重ねて表現しました。

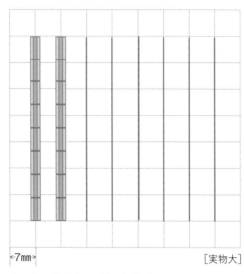

❶Aを直線に1本ずつ縦に並べて刺す。2本目、3本目も同じ位置に針を入れて刺す。クロッシェの場合は2、3本目は1本目のシュネットの上に刺す。

同じライン上に3本きっちりと刺すと、先に刺した2本の上に1本がのり、横から見ると三角形になります。糸がゆるむと上のビーズが落ちてしまうので、しっかり引き締めることが大切。

←7mm→　　　　　　　　　　　［実物大］

A スレンダービューグル 1.3×6
SLB2008（ブロンズグリーン）

3　チェーンつなぎ・1

輪をふたつ作ってつなぎのビーズで橋渡し。ボリュームのある美しいラインになります。数本並べて刺せば面を構成することもできます。2色のコントラストが心地よく映えるデザインです。

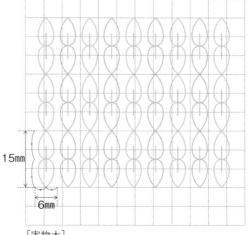

❶向かい合わせになるように輪を2個作る。片方の輪の中から針を出し、ビーズを通してブリッジを刺す。

A11個（またはB7個）

B11個（またはA15個）

15mm

6mm

［実物大］
A 丸特小 15/0 #196（ゴールド）
B 丸小 11/0 #1920（ホワイト）

丸ビーズで輪を作るときは、奇数にすると中央にビーズがひとつくるので形がきれいに整います。この方法だとビーズがぴったり布につかないので、ボリューム感が強調されます。

4 ヘリンボーン・テイスト

「ニシンの骨」と言われるV字型の模様を、メタリックのスレンダービューグルで刺した図案です。ジャケットやコートのポケットに、こんなビーズのヘリンボーンが刺してあったら素敵です。

★★
針/クロッシェ

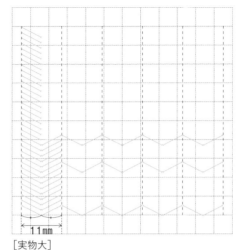

斜めの角度を均一にすることが大切なので、ところどころに指標となる斜めの線を描いておきます。

11mm

[実物大]
Aスレンダービューグル 1.3×6 SLB 2008
（ブロンズグリーン）

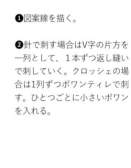

❶図案線を描く。

❷針で刺す場合はV字の片方を一列として、1本ずつ返し縫いで刺していく。クロッシェの場合は1列ずつポワンティレで刺す。ひとつごとに小さいポワンを入れる。

5 三角の蛇腹トンネル

ビーズを数個まとめて通し、その長さより短い針目で刺すと、浮き上がってアーチ状になります。並べてみたら蛇腹のトンネルができました。いろいろな素材で試してみたいステッチです。

★★
針/クロッシェ

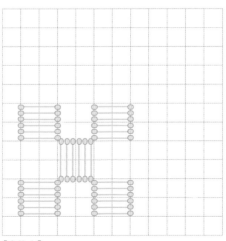

クロッシェで刺す場合は、山を作るビーズをひと単位として、必要分アンフィラージュしてから刺し始めます。針でもクロッシェでも、ひと針ごとに小さくポワンを入れて糸がゆるまないように。

[実物大]
Aスレンダービューグル 1.3×6 SLB 2008
（ブロンズグリーン）
B丸小 11/0 #311（金茶）

❶10mm角の枠内に6個ずつ刺す。

（横から）

針の場合は図のような運びで刺すと、糸が渡らずきれいに仕上がる。クロッシェは裏に糸が渡るので、透けない布がおすすめ。

6　機械のように

丸小ビーズを支えにしてツイストビーズを斜めに配置。ひねりが入って金属部品の一部のようにも見えるビーズと、玉虫のような色合いがあいまって、面白い効果を生み出します。パネルにして部屋に飾っても素敵な図案です。

★★
針

丸小ビーズの位置を右、左と交互にしながら刺し進めます。縦一列が刺し終わったら2列目を同じように刺します。

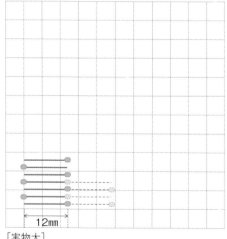

❶A1個、B3個を組み合わせて刺す。

（横から）

12mm

［実物大］
A ツイスト 2.0×12 TW401FR（ジュエリーパープル）
B 丸小 11/0 #3746（ブルーアンバー）

7 格子重ね

洋の東西を問わず、世界中にはさまざまなチェック模様がありますが、ここではふたつの格子を重ねて作りました。上に重ねる方のビーズを小さくして、強弱をつけています。

★★
針／クロッシェ

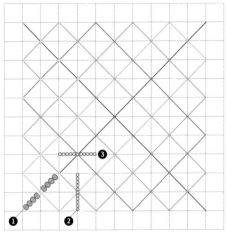

❶Aを4個ずつ入れて斜めの格子を刺す。図の色分け通りに刺していくと糸を何度も切らずにすむ。

❷Bを10個ずつ、①をまたいで縦の線を刺す。

❸Bを11個ずつ、①②をまたいで横の線を刺す。

ひと針ごとにビーズを複数個入れていくので、糸がゆるまないように小さいポワンを入れていきます。

[実物大]
A 丸小 11/0 #235（朱赤）
B 丸特小 15/0 #1837（ベージュ）

8 斜めクロス

斜めの十字に飾りをつけて並べ、格子模様に仕立てた図案です。単純な模様なので、応用もしやすいです。中心をクリスタルビーズにしたり、斜めの丸小をツイストにしたり。いろいろ試してみてください。

★★
針／クロッシェ

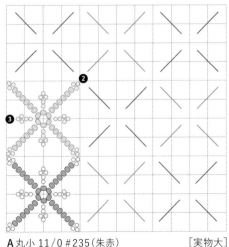

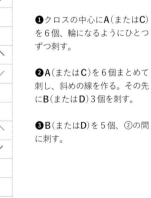

❶クロスの中心にA（またはC）を6個、輪になるようにひとつずつ刺す。

❷A（またはC）を6個まとめて刺し、斜めの線を作る。その先にB（またはD）3個を刺す。

❸B（またはD）を5個、②の間に刺す。

クロッシェで刺す場合、先端の飾りはポワンティレで刺します。

A 丸小 11/0 #235（朱赤）　　　　　　[実物大]
B 丸特小 15/0 #1837（ベージュ）
C 丸小 11/0 #311（金茶）
D 丸特小 15/0 #2008（ブロンズグリーン）

9 リトルフラワーの格子模様

ビーズを輪にして花びらを作り、並べて格子模様を作りました。花をびっしり配置してもいいですが、ここではビーズひとつのアクセントを入れながら軽やかに仕上げています。

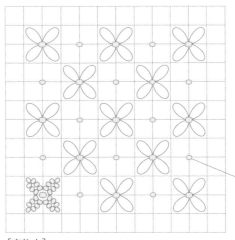
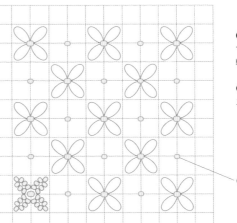

花びらの先端を留めるときは、ビーズの輪を留める方向に十分に伸ばして形を整えながら刺します。

[実物大]
A 丸小 11/0 #3743（マリンブルー）
B 丸小 11/0 #3530（黄）
C 丸大 8/0 #3530（黄）

針/クロッシェ＋針

❶Cを中心にひとつずつ刺す。すぐ脇から針を出し、A 7個で輪を作る。

❷①の輪を倒して中心のビーズの両脇を留める。

❸Bをひとつずつ刺す。

10 ステッチ＆フラワー

庭のフェンスやラティス（格子）に花が咲いたようなかわいい図案。糸のステッチと丸大ビーズで枠を作り、交差点にビーズを立たせていきます。

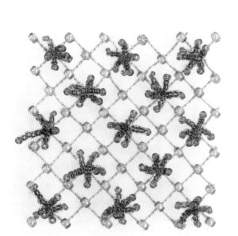

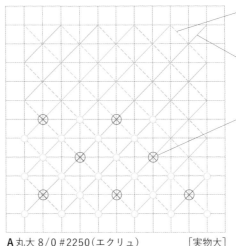

この格子のような直線はクロッシェの方がきれいに刺せるのでおすすめ。立たせるビーズは針で刺しますが、6本立てると密集するので、針が通らない場合は5本や4本にするなど臨機応変に。

A 丸大 8/0 #2250（エクリュ）　　　[実物大]
B 丸小 11/0 #3743（マリンブルー）
C 丸小 11/0 #3526（オレンジ）
糸：ミシン糸#60（ベージュ）

針/クロッシェ＋針

❶左上に向かう線を裏からシュネットで刺す。針の場合は返し縫いで。

❷右上に向かう線をAを入れながらシュネットで刺す（赤い丸の部分には入れない）。

❸Aを穴を上にして置き、図のようにBCを立てる。

（横から）

11　格子模様 + 直線

一見、3色のビーズが複雑にからまっているように見えますが、実は規則的で単純なステッチだけでで* *
きています。ビーズで立体感を出すという楽しさが堪能できる図案です。

先につけたビーズの上に、さらにビーズをかけて、その上にさらにもう1本、というように全部で3本を重ねてボリュームをつけていきます。立体になるほど糸がゆるみやすくなるのでひと針目ごとに小さいポワンを入れながら進みます。

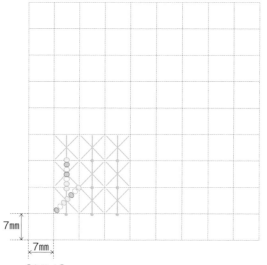

❶ABCを1：1：1の割合でランダムにアンフィラージュ。斜めの格子を刺す。7個ずつ入れ、右上に向かうラインをすべて刺してから左上に向かうラインをまたいで刺す。ひと針目ごとに小さいポワンを入れる。

❷①の格子をまたいで7～8個ずつで縦の線を刺す。①同様、針目の間に小さいポワンを刺し、糸がゆるまないように進む。

7mm

7mm

[実物大]
A 丸小 11/0 #1935（コーラルオレンジ）
B 丸小 11/0 #1936（ライトイエロー）
C 丸小 11/0 #1920（ホワイト）

12　格子模様+立体ビーズ

11同様、複雑そうに見えて実は規則的。ビーズの色をランダムにミックスすることでこうした効果が生まれます。さらに丸大、特小などを混ぜるとより複雑さが増して面白くなります。

★★
針/クロッシェ+針

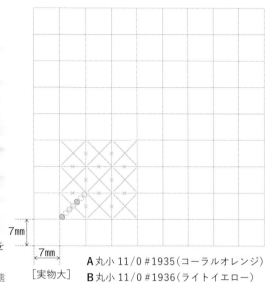

7mm

7mm
［実物大］

A 丸小 11/0 #1935（コーラルオレンジ）
B 丸小 11/0 #1936（ライトイエロー）
C 丸小 11/0 #1920（ホワイト）

ひとつのビーズに複数回糸を通すとき、前の糸を針で刺して割ってしまわないように注意します。根元までビーズを入れて、きちんと立たせた状態で針を通すと失敗がありません。

❶ABCを1：1：1の割合でランダムにアンフィラージュ。斜めの格子を刺す。7個ずつ入れ、右上に向かうラインをすべて刺してから左上に向かうラインをまたいで刺す。ひと針目ごとに小さいポワンを入れる。

❷格子の中心に針でビーズ4個を立てる。

（横から）

13　格子模様+丸大ビーズ

11、**12**同様、格子模様からの展開です。格子の中心に丸大ビーズをつけました。丸大ビーズは丸小や特小と一緒に刺すとインパクトがあり、存在感が際立ちます。

★★
針/クロッシェ

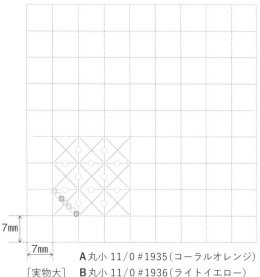

7mm

7mm
［実物大］

A 丸小 11/0 #1935（コーラルオレンジ）
B 丸小 11/0 #1936（ライトイエロー）
C 丸小 11/0 #1920（ホワイト）
D 丸大 8/0 #1104（クリアホワイト）

格子の中のビーズをクロッシェで刺す場合はひとつずつ糸留めをします。針の場合も、透け感のある布の場合はそのつど糸留めをしたほうが裏に糸が渡らずきれいに仕上がります。

❶ABCを1：1：1の割合でランダムにアンフィラージュ。斜めの格子を刺す。7個ずつ入れ、右上に向かうラインをすべて刺してから左上に向かうラインをまたいで刺す。ひと針目ごとに小さいポワンを入れる。

❷格子の中心にDを刺す。常に同じ向きで糸が斜めに渡る方向で刺す。

（上から）

14　立体格子

スレンダービューグルでジャングルジムのようなものを作ってみたいと思い立ってできた図案です。重ねていけば公園にあるような3段、4段のジャングルジムもできます。ここでは1段にしてパーゴラの下の花畑のような雰囲気に。

★★★
針/クロッシェ＋針

縦に立つスレンダービューグルと丸小ビーズには2〜4回ずつ針が通ることになるので細い針を使います。ひと目ごとにきっちり糸を引きしめて小さいポワンをしないと、格子がグラグラして安定感がなくなります。

❶ABCを1：1：1の割合でランダムにアンフィラージュ。斜めの格子を刺す。7個ずつ入れ、右上に向かうラインをすべて刺してから左上に向かうラインをまたいで刺す。ひと針目ごとに小さいポワンを入れる。

❷格子の中心にABCのどれかをひとつ刺す（どの色でもよい）。

❸立体格子を作る。図のように針で順番に刺して組み立てる。スレンダービューグルは、枠の部分は長いD、足の部分は短いEを使う。

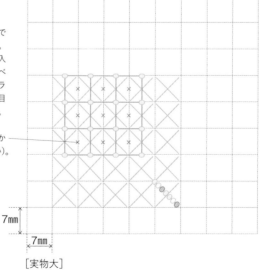

7mm

7mm

［実物大］

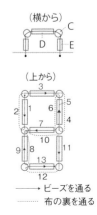

（横から）

（上から）

⟶　ビーズを通る
⋯⋯　布の裏を通る

A 丸小 11/0 #1935（コーラルオレンジ）
B 丸小 11/0 #1936（ライトイエロー）
C 丸小 11/0 #1920（ホワイト）
D スレンダービューグル 1.3×6 SLB 402 FR（白）
E スレンダービューグル 1.3×3 SLB 402 FR（白）

15 盛り上がる円

ビーズで埋めた平面のようなのに、よく見るとなぜかこんもり盛り上がっている。じっと見つめて指で
さわって確かめたくなる。そんなちょっと不思議な表現を丸小ビーズだけで作りました。

★★
針/クロッシェ

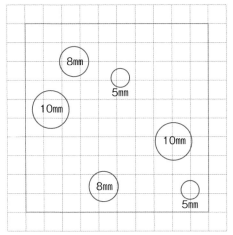

❶ABCを1：1：1の割合で
アンフィラージュ。

❷円の中をヴェルミッセルで
埋める。

❸面全体をヴェルミッセルで
埋める。すでに刺してある円の
上も同様に同じ針目で刺す。

針でもできますが、時間がかかるのでクロッシェ
がおすすめです。ヴェルミッセルは常に同じ長さ
の針目でびっしり刺していきます。

［実物大］
A 丸小 11/0 #1935（コーラルオレンジ）
B 丸小 11/0 #1936（ライトイエロー）
C 丸小 11/0 #1920（ホワイト）

16 ビーズのチュールレース

ニードルレースの技法を応用して作った図案です。3つの異なる大きさの丸ビーズを編むように通して
いきます。チュールのような繊細で規則的な模様で面を作れます。

★★
針/クロッシェ＋針

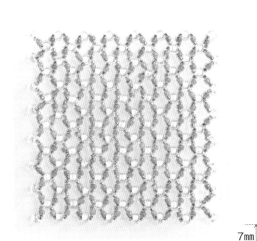

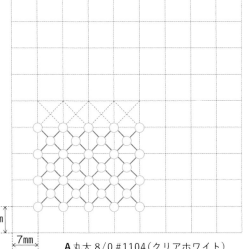

❶Aを2列ずつ刺す。糸は斜め
に渡す。

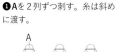

❷Aをジグザグにすくいながら、
BCを通していく。布はすくわ
ない。

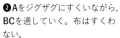

最初に基準となる丸大ビーズをつけますが、位置
が正確でないと台無しなのできちんと印をつけて
おきます。

7mm

7mm
［実物大］
A 丸大 8/0 #1104（クリアホワイト）
B 丸特小 15/0 #196（ゴールド）
C 丸小 11/0 #1937（ライトオレンジ）

17　チェーンつなぎ・2

スレンダービューグルを先に刺し、特小ビーズを通していくだけで仕上がります。中心にブリッジをかけることで立体感をプラス。1本ごとに独立しているので、いろいろな使い方ができるモチーフです。

★
針

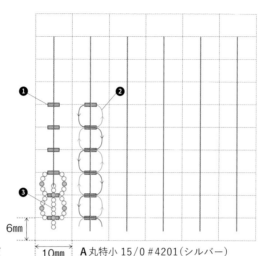

❶Cを6mm間隔に刺す。

❷ABを5個ずつ入れながらCに通していく。8の字を描くように帰りは行きと反対側を通り、布はすくわない。最後は最初に通したCに通して留める。

❸CをまたぐようにAB 5個ずつでブリッジをかける。

（横から）

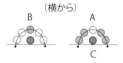

チェーンの輪郭を作る特小ビーズは通しているだけで縫いつけられていません。最後に留めるときは、糸にゆるみがないか十分に確認してください。

6mm
10mm
［実物大］

A 丸特小 15/0 #4201（シルバー）
B 丸特小 15/0 #2304（メタリックパープル）
C スレンダービューグル 1.3×3 SLB401F（黒マット）

18　花咲く金の蔦（つた）

金のビーズをくねくねとした線に刺し、枝先に花を咲かせます。ここでは4本を並べて面を作っていますが、シャツやカーディガンの前立てに1本だけすっと刺しても素敵です。

★★
針／クロッシェ+針／クロッシェ

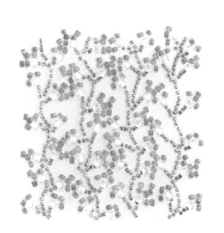

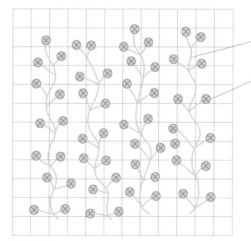

❶枝を刺す。Aをひとつずつラインで刺す。

❷枝の先に、BCを刺す。バランスを見ながら数を変えて刺す。

針の場合はひとつずつ返し縫い。枝分かれの部分は先端まで行って戻る、を繰り返します。クロッシェは枝の先まで空ステッチをして戻る時にビーズを入れます。もしくはポワンティレでまとめて刺すことも可能です。

［実物大］

A 丸特小 15/0 #196（ゴールド）
B 丸小 11/0 #1937（ライトオレンジ）
C 丸大 8/0 #1104（クリアホワイト）

19　蔦のステッチ

パリでもよく見かける壁を伝う蔦を図案にしました。針で編むようにデリカビーズでひもを作り、コーチングステッチで留めていきます。1本を長く作って縁飾りにしたり、並べて縞模様にしたり、多彩に使えるモチーフです。

★★★
針

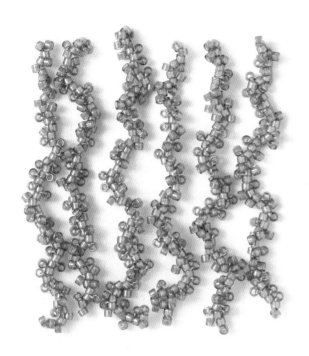

最初に作るビーズのひもがゆるみなくできるかどうかが重要。針でBのビーズをすくっている間にAのビーズがゆるんでしまうとくねくねとしたラインがなくなり、ただ2色のビーズが並んでいるだけになります。糸はひっぱりに強いものを選びます。

❶Aをアンフィラージュする。5cmの線なら6cmの長さに通す。

❷①でアンフィラージュしたビーズの片方の端を結んで留める。糸は長く残しておく。

❸②で残した糸に針を通し、Bをひとつ通し、ふたつ目をひろう。

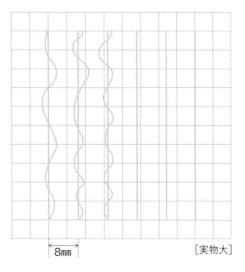

8mm

［実物大］

❹Aのビーズをつめてぴったりとつける。

❺最後まで来たらゆるまないようにビーズに通して結ぶ。

❻⑤で出来上がったものを、コーチングステッチの要領で布に縫いつける。

A デリカ 11/0 DB 2046（マスタードグリーン）
B デリカ 11/0 DB 2044（シャインローズ）

20　動くビーズ（横移動）

スレンダービューグルに特大ビーズを通してあるので、衣服やバッグに刺せば、動きに合わせてビーズが動く楽しい刺繍です。最小単位の三角形の組み合わせで、いろいろな形にアレンジできます。

★★
針

小さな三角形ごとに刺していきます。特大ビーズが動いて糸がゆるみやすくなるので、小さいポワンをところどころに入れて糸を引き締めます。

❶AにCを通し、三角形の一辺を刺す。

（横から）

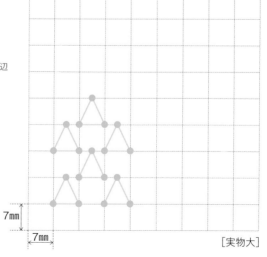

[実物大]

7mm

7mm

❷図のように針を運び、立体の三角形を作る。Bには2回ずつ糸が通る。

（上から）

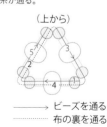

⎯⎯→　ビーズを通る
⋯⋯⋯　布の裏を通る

A スレンダービューグル 1.3×6 SLB 2008
　（ブロンズグリーン）
B スレンダービューグル 1.3×3 SLB 2008
　（ブロンズグリーン）
C 特大 6/0 #3740（ブルーグレー）
D 丸小 11/0 #3746（ブルーアンバー）

21　動くビーズ（縦移動）

こちらは立てたスレンダービューグルを芯にして、上下に特大ビーズが動く仕様。ビーズがいっせいに動く様子は間近で見ると圧巻です。

★★
針／クロッシェ＋針

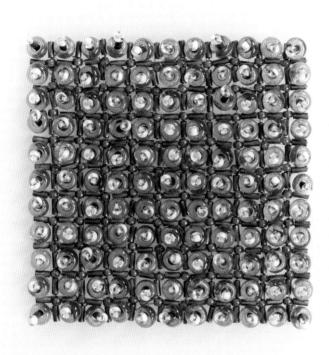

整然とした図案は、きちんと下絵を描くことが大切。はじめに刺すスレンダービューグルがずれていると丸小が入らなくなるので、正確に下絵にそって刺し進めます。

❶横の線を刺す。Bを間に空ポワンを入れながら刺す。

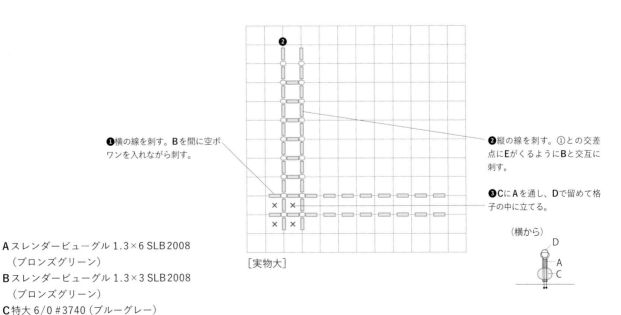

❷縦の線を刺す。①との交差点にEがくるようにBと交互に刺す。

❸CにAを通し、Dで留めて格子の中に立てる。

（横から）

［実物大］

A スレンダービューグル 1.3×6 SLB 2008
　（ブロンズグリーン）
B スレンダービューグル 1.3×3 SLB 2008
　（ブロンズグリーン）
C 特大 6/0 #3740（ブルーグレー）
D 丸小 11/0 #1920（ホワイト）
E 丸小 11/0 #3743（マリンブルー）

22 ブルーポイントの格子模様

小さな粒の中に、なんともいえない美しい色合いを醸しているビーズを3つ選んで、規則的に格子に並べてみました。丸小、丸大、スレンダービューグルをシンプルに使い、魅力的な重ね色を作ります。

★★
針／クロッシェ

クロッシェで刺すのにおすすめの図案。最初に縦横2種類のアンフィラージュをしておきます。

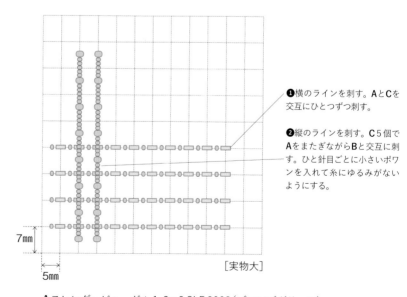

❶横のラインを刺す。AとCを交互にひとつずつ刺す。

❷縦のラインを刺す。C5個でAをまたぎながらBと交互に刺す。ひと針目ごとに小さいボワンを入れて糸にゆるみがないようにする。

7mm

5mm

[実物大]

Aスレンダービューグル 1.3×3 SLB 2008（ブロンズグリーン）
B丸大 8/0 #3743（マリンブルー）
C丸小 11/0 #3746（ブルーアンバー）

23　曖昧な縞模様

こちらも複雑な色合いを持つ3種類のビーズを組み合わせています。ビーズを組み合わせて立たせ、後から寝かせるという少し変わった方法で、布にそのまま留めるのとは違う、微妙な立体感が出ます。

＊＊
針

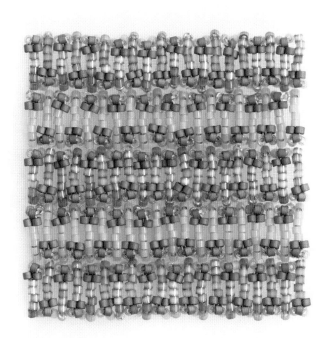

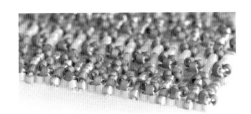

ひとつひとつが独立したモチーフの集合体なので、間隔をあけて刺したり、放射状にしたりといろいろと応用できる図案です。

❶C（またはB）5個とA3個を立てる。

（横から）

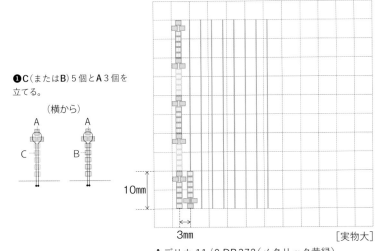

10mm

3mm　　　　　　　　　　　［実物大］

❷①を倒し、B（またはC）2個で留める。穴が上を向くように置き、針を出す位置と入れる位置はデリカビーズ1個分あける。

（上から）

Aデリカ 11/0 DB372（メタリック黄緑）
Bデリカ 11/0 DB680（パールベージュ）
Cデリカ 11/0 DB1453（パールグリーン）

24 デリカ・スタイル

丸ビーズよりもキリッと、より規則性が際立つのがデリカビーズ。シリンダー型なので、横から見ると四角く見えます。ステッチの糸が見えるので、刺す糸の色によって印象が変わります。

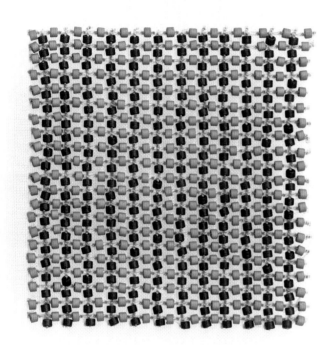

正確に図案線を引き、針目の長さをきっちり同じに刺していきます。正確さが求められる、クロッシェ向きの図案です。

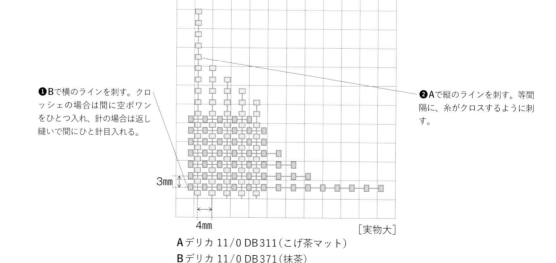

❶Bで横のラインを刺す。クロッシェの場合は間に空ポワンをひとつ入れ、針の場合は返し縫いで間にひと針目入れる。

❷Aで縦のラインを刺す。等間隔に、糸がクロスするように刺す。

3mm

4mm

[実物大]

A デリカ 11/0 DB311(こげ茶マット)
B デリカ 11/0 DB371(抹茶)
糸：MIYUKI ビーズステッチ糸Col.4(うす茶)

25　ビーズで織物

織り糸をデリカビーズをミックスして作り、たて糸とよこ糸に見立てて編んでいったら、まるで粗い糸で編んだツイードのようになりました。

★★
針

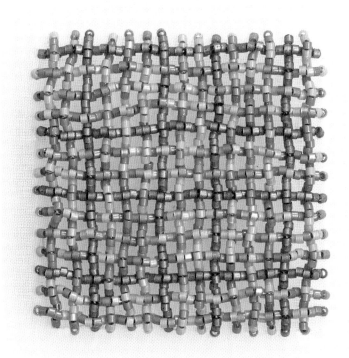

ビーズは実際の織り糸とは違うので、織るときはひっかかるような感じでやりづらいですが、縦横が垂直に交わるようにしっかりとつめながら進めます。糸はMIYUKIビーズステッチ糸など、強めのものを2本どりにします。

❶AB（同量を混ぜる）とCを長め（図案線が5cmの場合は5.5cm）にアンフィラージュする。必要本数作る。前後に残しておいた糸で布に留めるので、長めに残しておく。

❷たて糸の片方の端を布に留め、全部を等間隔に縫い留める。

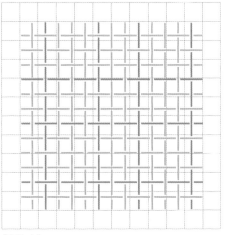

❸よこ糸は1本ずつ端を留め、たて糸を上下させながら平織りの要領で編んでいく。すき間ができないようにしっかりと詰めながら進める。

❹最後まで編みあがったら、残りの端を布に入れて留める。

[実物大]
A デリカ 11/0 DB191（ピンクグレー）
B デリカ 11/0 DB1458（ライトベージュ）
C デリカ 11/0 DB631（グレー）

小丸と小花

26-39

小さい丸や小さい花の図案は、ひとつひとつ刺したり、ラインに並べてみたり、
ランダムに配置してみたりと用途によっていろいろな使い分けができます。
小さいけれど、どれもちょっとした刺し方の工夫が入っています。

26　ダブル・エスカルゴ

渦巻きに刺して面を埋めていくステッチを、カタツムリの殻にたとえてエスカルゴと呼んでいます。
ここでは、右渦巻きと左渦巻きをダブルで刺し、真ん中がこんもり高くなる小丸を作ります。

**
針/クロッシェ

❶ビーズはひとつずつライン
で刺す。外側から中心に向かっ
てぐるぐるとすきまなく刺し、
中心まで来たら今度は逆巻き
で最初に刺した線と線の間に
刺して戻る。行きにすきまなく
刺すことで、帰りのビーズが上
にのってこんもりとした形に
なる。

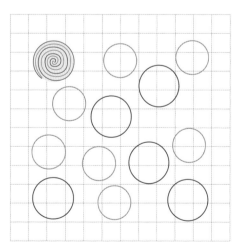

行きの渦巻きを刺すときは、すきまができないよ
うに、かといってつめすぎて重ならないように刺
すのがコツです。

[実物大]
A 丸小 11/0 #235（朱赤）
B 丸特小 15/0 #1837（ベージュ）

27　円形ピラミッド

デリカビーズの魅力は、積み上げたり重ねたりがしやすいこと。そのよさをいかして階段状に重ねていき、ピラミッドを描きます。刺す糸の色の組み合わせも重要なポイント。

★★
針/クロッシェ＋針

ライトパープルが平らな円、あとは小山のように盛り上がった円です。どちらも円は外側から埋めていきますが、うまくおさまるように数を調節してください。ひと針ごとにビーズの位置を整えながら進みます。

❶表からシュネットでラインを刺す。針の場合は小さい針目でチェーンステッチ。

❷Aの平らな円を刺す。穴を上に向け、隣どうしを返し縫いでつなぐ。外側から内側へと埋めていく。

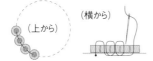

（上から）　　（横から）

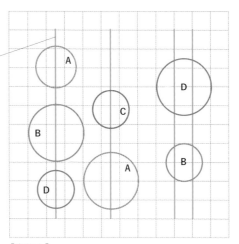

❸BCDの盛り上がった円を刺す。②と同様に1周目の円を刺したら2周目は2個重ね、3週目は3個重ねて中心が高くなるように刺す。

（横から）

[実物大]
A デリカ 11/0 DB379（ライトパープル）
B デリカ 11/0 DB1164（黄マット）
C デリカ 11/0 DB334（ライトゴールドマット）
D デリカ 11/0 DB1172（青マット）
糸：MIYUKIビーズステッチ糸 Col.20（カーキ）

28 リトル・フラワーズ

シャツのポケットや靴下などにワンポイントで刺したり、並べて面を埋めたりと、使い勝手のよい図案です。放射状にビーズを刺し広げていけば、花火のような大きな花にすることもできます。

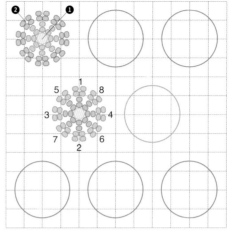

8本の花びらを刺す場合は、対角線上の花びらを刺していくとバランスがとれます。

［実物大］
A 丸大 8/0 #2250（エクリュ）
B 丸小 11/0 #3526（オレンジ）
C 丸小 11/0 #3743（マリンブルー）

★
針

❶中心にAをひとつ刺す。

❷①の周りに花びらを8本、BとCで順番通りに刺す。

→ ビーズを通る
‥‥‥ 布の裏を通る

29 プティット・ローズ

バラの花びらのふんわりとした雰囲気を出すために、針目の長さに比べて多めのビーズを糸に通し、アーチを描くように外側に向かって刺していきます。表情のあるバラの出来上がりです。

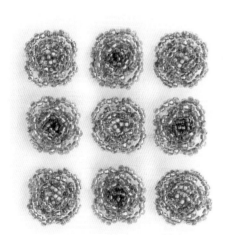

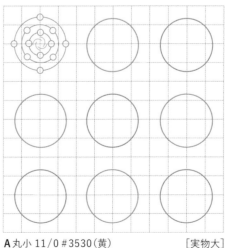

入れるビーズが多くなればなるほど糸がゆるみやすくなるので、ひと針目または2針目ごとに小さくポワンを入れると安心です。

A 丸小 11/0 #3530（黄）　　　　［実物大］
B 丸特小 15/0 #1837（ベージュ）
C 丸小 11/0 #234（オレンジベージュ）
D 丸特小 15/0 #2250（エクリュ）

★
針

❶中心を刺す。B（またはD）を4個ずつ4本刺す。

（上から）

❷A（またはC）5個ずつのアーチを円に刺す。両端のビーズは隣と共有させ、穴が上を向くように刺す。3周目は7個、4周目は9個ずつで囲んでいく。

（横から）

30　欧風小菊

菊はフランスでも人気のある花のひとつ。花びらのビーズの数を変えて変化をもたせると動きのあるデザインになります。ビーズの豊富な色のバリエーションを上手に使って自分なりに楽しんでほしい図案です。

★★
針／クロッシェ＋針

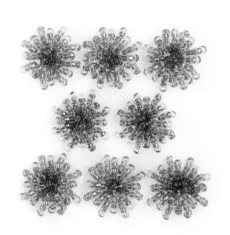

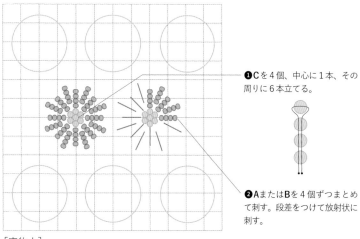

❶Cを4個、中心に1本、その周りに6本立てる。

❷AまたはBを4個ずつまとめて刺す。段差をつけて放射状に刺す。

針の場合は花びらをまず十字に刺し、間に3本ずつ入れて16本刺します。クロッシェはポワンティレで1周します。その場合は図案を布にきちんと描いておきます。

［実物大］
A丸小 11/0 #234（オレンジベージュ）
B丸小 11/0 #3530（黄）
C丸特小 15/0 #1837（ベージュ）

31　プティ・ロン

中心に特大ビーズ、そこに20個のビーズが上下に寄り添うようにくっついて、円（ロン）を描きます。横から見ると少しもこっとしたフォルムがかわいらしい。

★
針

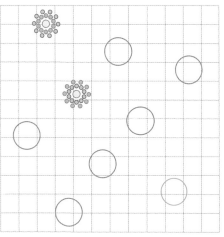

❶AまたはCを中心に刺し、周りにB（またはD）を2個重ねて刺す。

（横から）

❷①の周りにD（またはB）を刺す。

（上から）

特大の周りに丸小を刺すとき、丸小が内側に入ってしまわないように糸を引くときに指で押さえます。

A特大 6/0 #3216（クリスタルグレー）　［実物大］
B丸小 11/0 #216（ヴェネチアブルー）
C特大 6/0 #3215（クリスタルオレンジ）
D丸小 11/0 #234（オレンジベージュ）

32　フルール・イマジネール

パリでは、日本では見かけたことのない植物を見かけることが多々あります。思わず見入ってしまう不思議な形もちらほら。そんな花のイメージをミックスして空想の花を作りました。

＊
針

レゼーデージーステッチの要領で花びらを作ります。花びらを留めるときに針目を長くしすぎないのがポイント。ほどよく花びらが浮くとナチュラルな雰囲気になります。

❶花の中心を刺す。Aをひとつ刺し、周りに2個ずつ6本立てる。

（横から）

❷花びらを刺す。①の周りにB（またはC）を7個ずつ輪にして8個刺す。

❸②の輪の中から針を出し、Dを7個通して輪の外側で留め、花びらを寝かせる。

（上から）

[実物大]
A 丸大 8/0 #2250（エクリュ）
B 丸小 11/0 #234（オレンジベージュ）
C 丸小 11/0 #3530（黄）
D 丸特小 15/0 #2250（エクリュ）

33　スパイダー

最初から蜘蛛をイメージしたわけではなかったのですが、完成したら動きだしそうな迫力があったのでこの名前にしました。メタリック系の色をメインに使えば、メカっぽい雰囲気にもなりそうです。

★★★
針

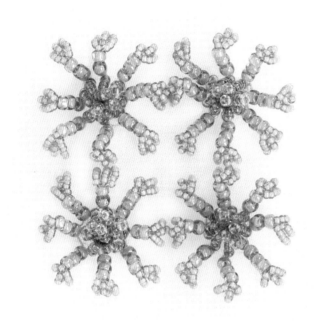

丸大や、特大など大きめのビーズの穴から、丸小を枝分かれさせて立体を作っています。糸がゆるまないように、小さいポワンをこまめに入れるようにします。

❶中心にビーズのタワーを立てる。B（またはC）を図のようにAに通し、合計4本、8回糸がAに通ることになるので、針は細いものを使う。

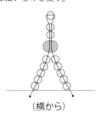

（横から）

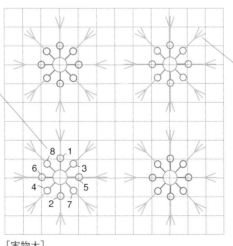

❷足を刺す。DとEで足を作り、放射状に8本つける。

D

E

［実物大］
A 特大 6/0 #3740（ブルーグレー）
B 丸小 11/0 #3530（黄）
C 丸小 11/0 #234（オレンジベージュ）
D 丸大 8/0 #2250（エクリュ）
E 丸特小 15/0 #2250（エクリュ）

34 青い花

ツイストビーズの2cutはちょっとゴツゴツした感じが特徴。存在感があるので楽しい素材です。ここでは横に寝かせたり、垂直に立てたり、立体感のある仕上がりで花を表現しました。

ツイストビーズは竹ビーズの一種なので切り口で糸が切れやすくなります。糸は2本どりにするか丈夫なものを使います。

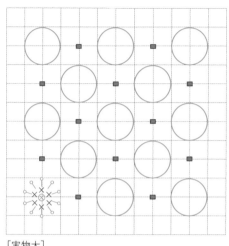

[実物大]
A ツイスト 2cut 10/0 TW2008（ブロンズグリーン）
B デリカ 11/0 DB311（こげ茶マット）
C 丸特小 15/0 #4202（ゴールド）

*
針／クロッシェ＋針

❶花の中心を刺す。aを1本立て、周りにbを6本立てる。

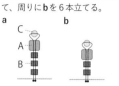

❷①の周りに花びらを放射状に10本刺す。

❸間にBをひとつずつ刺す。

35 青と白のアスター

パリのマルシェでもいろいろな種類の菊（アスター）を見かけますが、中でも花びらが密集した丸っこい菊は人気です。丸いビーズでボリュームのある花を表現しました。

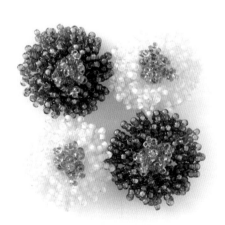

ビーズを立てる要領で刺しますが、一番根元には針を刺さず、手前で留めることでビーズが寝ます。糸がゆるみやすくなるので、ところどころに小さいポワンを入れます。

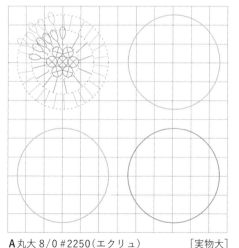

A 丸大 8/0 #2250（エクリュ） [実物大]
B 丸小 11/0 #3526（オレンジ）
C 丸小 11/0 #3743（マリンブルー）
D 丸小 11/0 #1920（ホワイト）

**
針

❶ABを中心に1本、その周りに6本立てる。

（横から）

❷C（またはD）で花びらを刺す。まず外側を刺し、次に内側を刺す。先端が揃わないように少しずつずらして刺す。

（横から）

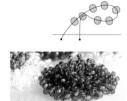

36 幾何学花模様

デリカビーズ編みを応用して最初の円を作り、刺繍でその周りをデコレーション。円柱型のビーズを四
角いマス目に当てはめて絵を描いていくような図案は、ブロックにも似た面白さがあります。

** 針

かぎ針編みのレースを編むように、中心から外側
に向かって広げていきます。大きさが変わっても
基本的な刺し方は同じ。大きさにかかわらず1周
目のビーズは偶数にします。

❶A20個(小さい円は12個)で
1周目を布に刺す。

❷B(またはC)を入れながら1
個おきにAをすくう。糸を引く
とBがAの間にはさまってくる。

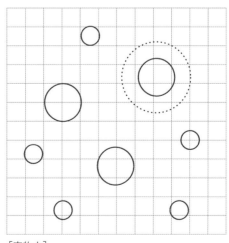

[実物大]
A デリカ 11/0 DB 311(こげ茶マット)
B デリカ 11/0 DB 1164(黄マット)
C デリカ 11/0 DB 1172(青マット)

❸3周目はBの間にC(または
B)を2個ずつ通す。

❹4周目は❸の間にAを刺し、
図のようにAB(またはAC)を
通していく。

37 羽根のような花びら

鳥の羽根のような花びらをツイストビーズで作ってみました。斜めになるように竹ビーズで片方を持ち
上げて、ひとつでも存在感のある花びらが出来上がりました。

ツイストビーズは放射状に刺しますが、微妙に不
揃いになるようにするのがコツです。中心が一番
高く、その両脇は少し低く、その次はまた高くと
いった具合に、少しずつずらして刺します。

❶直径2cmの円を基準に刺し
ていく。**ADB**をまとめて通し、
ビーズが立つくらいの針目で
刺す。番号通りに刺すとバラン
スがよくなる。

（横から）

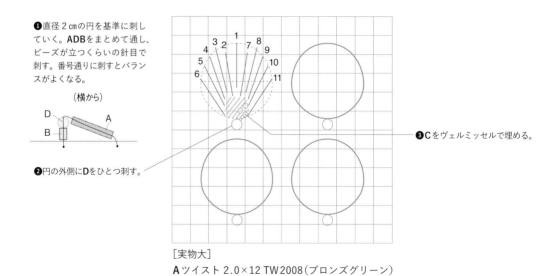

❸**C**をヴェルミッセルで埋める。

❷円の外側に**D**をひとつ刺す。

［実物大］
Aツイスト 2.0×12 TW2008（ブロンズグリーン）
B竹 3mm #457（こげ茶金）
C丸特小 15/0 #2250（エクリュ）
D丸大 8/0 #2250（エクリュ）

38　海の花

海中で静かに咲く想像の花をイメージ。丸特小、丸小、丸大と、大きさのコントラストを使って花びら
の中に強弱をつけました。

★★
針

ビーズを斜めに立てて、花びらの形に留めていきます。立てるときに針を出す位置と、寝かせるときに針を入れる位置がポイントです。

❶花の中心を刺す。Aをヴェル
ミッセルで埋める。

❷花びらを作る。まず1の点
線上に花びらの形に合わせて、
Bの数で長さを調節しながら
ABCのビーズを立てる。

（横から）

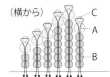

❸②で立てたビーズを寝かせ
る。点線に針を出し、根元のB
を2個（短いものは1個）すくっ
て水色の線上に針を入れる。花
びらの形を意識して留める。

（横から）

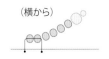

❹同様に2列目、3列目を刺す。
糸がゆるまないように根元に
ポワンを入れる。

ビーズを立てる位置　　　針を入れる位置

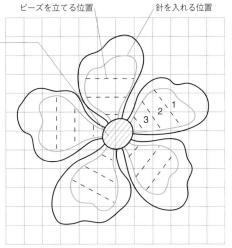

［実物大］
A丸大 8/0 #2250（エクリュ）
B丸小 11/0 #3743（マリンブルー）
C丸特小 15/0 #2250（エクリュ）

39　輝く星

柔らかい輪郭線で表現した星。四隅に光るのは、光の加減や見る角度によって色が変わって見えるマジックカラーのビーズです。夜空のように色の濃い布に刺しても映えそうです。

★★
針

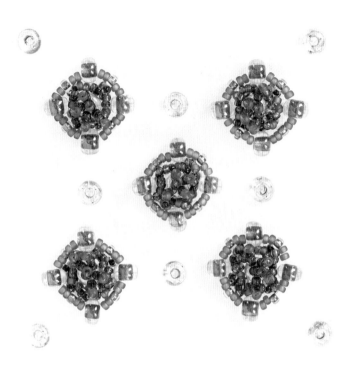

中心のビーズを立てる時、特大ビーズの穴の中に丸特小ビーズが入り込まないように気をつけて刺します。

❶中心にビーズを立てる。Aの穴にCDEを5本立てる。一番上はCに、その下はDEをランダムに混ぜる。

（上から）

C
D
E
A

❷CDEをランダムに混ぜ、5個ずつとり、①の周りを針目を少しずつ重ねながら1周する。

❸②の周りを柔らかな四角で囲む。まずAを4個刺し（穴の方向に注意）、BCを間に通す。布はすくわない。

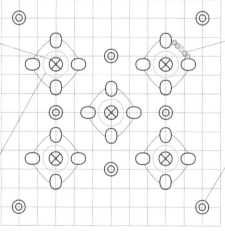

❹Aを穴を上にして刺す。

（上から）

［実物大］
A 特大 6/0 #3216（クリスタルグレー）
B 丸小 11/0 #234（オレンジベージュ）
C 丸特小 15/0 #152FR（ブルーグレーマット）
D 丸特小 15/0 #1837（ベージュ）
E 丸特小 15/0 #379（カカオブラウン）

糸とビーズ

40-48

糸でデッサンするようにシュネットで線を描き、ビーズの華を添えていきます。

どれもクロッシェの楽しさが存分に味わえる図案で、

ここではクロッシェでの刺し方として説明をしています。

針で刺す場合は、返し縫いで縫うことができます。

40　唐草模様

唐草模様は蔦などの植物が描く曲線や渦巻き模様を図案化したもので、世界中で親しまれてきた文様です。黒い糸のラインに、マットな黒いビーズと、ほんの少しのゴールドを入れることでエレガントな雰囲気に。

★

針／クロッシェ

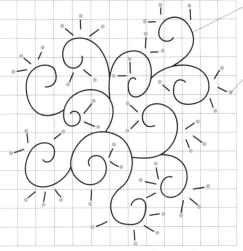

❶唐草のラインを刺す
ビーズステッチ糸に**A**をアンフィラージュして、不規則に1〜3個をいれながらシュネット。

❷外側に飾りをつける
BCを交互にアンフィラージュして、1個ずつ刺す。

ビーズを不規則に入れながら進んでいきます。不規則というのは意外に難しいものですが、慣れてくると自然な感じにできるようになります。クロッシェで刺す場合は布の裏側に図案を描いて刺します。

［実物大］　**A** 丸特小 15/0 #401F（黒マット）
　　　　　B 丸特小 15/0 #195（ゴールド）
　　　　　C ツイスト 2cut 10/0 TW401F（黒マット）
　　　　　糸：MIYUKIビーズステッチ糸 Col.12（黒）

41 アルカイック・フラワー

伝統的な渦巻きの文様と様式化された曲線が、古代の民族が残した絵のよう。素朴で力強いイメージです。
黒いビーズと糸で輪郭と影を表現しています。

★
針／クロッシェ

シュネットで刺すときは、針目をきちんと揃える
と仕上がりがだんぜんきれいに見えます。特に白
い布の場合はラインがくっきりと目立つので、自
分が今どこを刺しているのかという意識を持つこ
とが重要です。

❶Aをひとつずつラインで刺す。

❷黒い糸でシュネット。

❸裏からシュネットをしたあと、
表に返して同じライン上にシュ
ネット。

❹ABを交互にアンフィラージュ
して、空ポワンをひとつ間に
入れながらラインを刺す。

❺茎はAをアンフィラージュし
て不規則に入れながら刺す。

❻雄しべは、シュネットでライ
ンを刺して先端にAまたはBを
ひとつ入れる。

❼花びらの中は、透明な糸で
Bを不規則に方向を変えながら
刺す(ヴェルミッセル)。ビーズ
とビーズの間に空ポワンを入
れる。

A 丸特小 15/0 #401F(黒マット)
B 丸特小 15/0 #195(ゴールド)
糸：MYUKIビーズステッチ糸 Col.12(黒)、
　　透明な糸

[実物大]

42 花のある唐草

唐草模様の中に、ふたつの存在感のある花を添えた図案。ドレスなどにもぴったりです。花と唐草でビーズの密度を変えると、よいアクセントになり、図案全体にリズムが生まれます。

★
針／クロッシェ

ここでは黒い糸と透明の糸を使い分けています。黒い糸はシュネットで線が描け、透明の糸は白い布の上では見えなくなり、ビーズをひとつずつつけているような効果が得られます。

❶花を刺す。
(a)黒い糸でAをひとつずつラインで刺す。
(b)黒い糸でAと空ポワンを交互に刺す。
(c)黒い糸で裏からシュネット。
(d)透明な糸でBと空ポワンを交互に刺す。

[実物大]

❷唐草を刺す。
シュネットで刺していき、先端にAを6～7個楕円形に刺す。

❸枝が交差するところにAを3個ずつ刺す。

❹BCを山型にひとつずつ刺す。

A丸特小 15/0 #401F（黒マット）
B丸特小 15/0 #195（ゴールド）
C丸小 11/0 #401F（黒マット）
糸：MIYUKIビーズステッチ糸 Col.12（黒）、透明な糸

43 唐草の風車

同じ唐草模様のモチーフでも、葉の先にワンポイントを入れたり、陰影を描いたり、クリスタルビーズ
で朝露のきらめきを添えたりと、表現の幅は無限に広がります。

＊
針／クロッシェ

図案を見て、一筆書きの要領で刺せる順序をまず
考えます。糸を留める回数を減らすと裏もきれい
に仕上がります。

❶黒い糸でシュネット。葉の
先端にAをひとつ刺す。

❷黒い糸でAと空ポワンを交互
に刺す。

❸透明な糸でBと空ポワンを交
互に刺す。

❹Aをひとつずつラインで刺す。

❺CとDをひとつずつ刺す。

❻CとDを立てる。

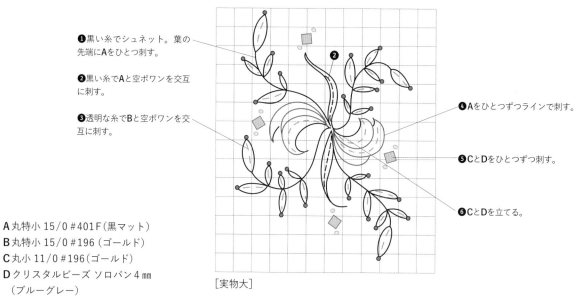

A 丸特小 15／0 #401F（黒マット）
B 丸特小 15／0 #196（ゴールド）
C 丸小 11／0 #196（ゴールド）
D クリスタルビーズ ソロバン 4mm
　（ブルーグレー）
糸：MIYUKIビーズステッチ糸 Col.12（黒）、
　　透明な糸

［実物大］

44 花紋章

花で作った紋章のような図案にしてみました。ブックカバーやバッグなど、少しかっちりとしたアイテムに刺したら、クラシカルなニュアンスが似合いそうです。

✴
針／クロッシェ

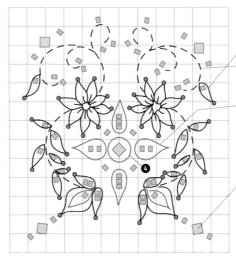

❶黒い糸でシュネット。葉と花びらの先端にAをひとつ刺す。

❷Aを不規則に入れながら黒い糸でラインを刺す。

❸黒い糸でAと空ポワンを交互に刺す。

❹Aをひとつずつラインで刺す。

❺BCを透明な糸でひとつずつ刺す。

他のモチーフ同様、クロッシェで刺すのがおすすめの図案です。針で刺す場合は、表から返し縫いの要領で。

[実物大]
A 丸特小 15/0 #401F（黒マット）
B デリカ 11/0 DB2043（アンバーオレンジ）
C クリスタルビーズ ソロバン4㎜（オレンジピンク）
糸：MIYUKIビーズステッチ糸 Col.12（黒）、透明な糸

45 蝶唐草

蔦の曲線が変化して蝶になったような幻想的なイメージです。このまま蔦を伸ばして図案を広げていくこともできます。

✴
針／クロッシェ

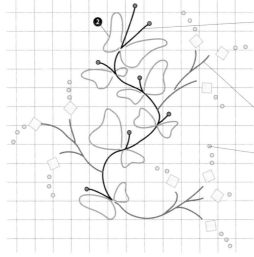

❶黒い糸でシュネット。触角の先にAを刺す。

❷ABを1：1でランダムに混ぜて黒い糸にアンフィラージュ。ひとつずつラインで刺す。

❸黒い糸でA3個とシュネット2目を交互に刺す。

❹透明な糸でBCをひとつずつ刺す。

刺し始める前に、必要なアンフィラージュを図案を見て確認しておきます。全体を把握しておくと、スムーズに刺し進めることができます。

A 丸特小 15/0 #401F（黒マット）　　　［実物大］
B 丸特小 15/0 #2008（ブロンズグリーン）
C クリスタルビーズ ソロバン4㎜（グレー）
糸：MIYUKIビーズステッチ糸 Col.12（黒）、透明な糸

46　ナチュラルフラワー・1

マルシェの花屋さんで見るような、小さな花をイメージ。角度を変えてレイアウトすることで、全体に躍動感が生まれます。同じ色に統一したり、カラフルにしたりと思うままにアレンジしてみてください。

☆
針／クロッシェ＋針

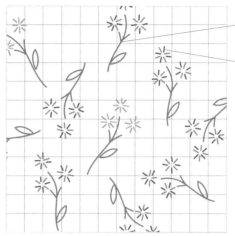

❶茎と葉を刺す。グレーの糸でシュネット。

❷花を針で刺す。中心のビーズに4方向からA（またはC）を刺して十字を作り、間にB（またはD）を刺す。

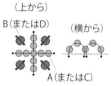

ステッチでモチーフを描くときは、なるべく糸を切らないで刺せる進み方を考えます。

[実物大]
A 丸特小 15/0 #198（グレイッシュピンク）
B 丸小 11/0 #198（グレイッシュピンク）
C 丸特小 15/0 #4201（シルバー）
D 丸小 11/0 #650（スモーキーグレー）
糸：MYUKIビーズステッチ糸 Col.21（アッシュグレー）

47　ギンコ

ギンコ（ginkgo）とはフランス語でイチョウのこと。サイズ違いの同じ色のビーズで葉の広がりを表現しています。向きを揃えることで、上に向かって飛んでいきそうな雰囲気になりました。マフラーや帽子などに刺して一緒に出かけたい図案です。

☆
針／クロッシェ

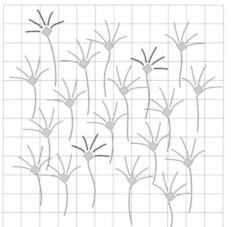

❶順番通りにアンフィラージュして、一筆書きの要領で刺す。先端まで刺し、戻ってくるときにビーズを入れる。

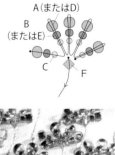

少しずつ花の角度や茎の長さ、カーブなどを変えてナチュラルな雰囲気にしています。

[実物大]
A 丸大 8/0 #2250（エクリュ）
B 丸小 11/0 #2250（エクリュ）
C 丸特小 15/0 #2250（エクリュ）
D 丸大 8/0 #3746（ブルーアンバー）
E 丸小 11/0 #3746（ブルーアンバー）
F クリスタルビーズ ソロバン 3mm（ライトゴールド）
糸：MYUKIビーズステッチ糸 Col.20（カーキ）

48 ナチュラルフラワー・2

放射状に糸でステッチを伸ばした先にビーズをつけます。自然なニュアンスを出すには、
ステッチで柔らかな線を描くのがコツです。

✳
針／クロッシェ

大きさの違うビーズをアンフィラージュする時
は、針でひとつずつ順番に通していきます。②の
３つに分かれているところは２種類の違う刺し方
ができますが、アンフィラージュの順番は変わり
ません。

❶アッシュグレーの糸でシュ
ネット。先にC（またはA）を3
個三角に刺す。

C（またはA）

❷放射状に6本刺す。クロッシ
ェの場合は3つに分かれてい
るところは47のように一筆書
きの要領で刺してもいいし、ポ
ワンティレでも刺せる。中心に
B（またはD）をひとつ刺す。

B（またはD）

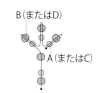

A（またはC）

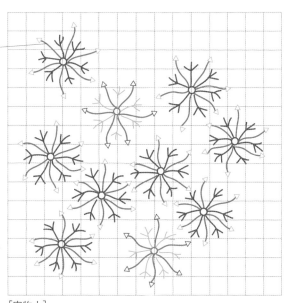

A 丸特小 15／0 #198（グレイッシュピンク）
B 丸小 11／0 #198（グレイッシュピンク）
C 丸特小 15／0 #4201（シルバー）
D 丸小 11／0 #650（スモーキーグレー）
糸：MYUKIビーズステッチ糸 Col.21
　　（アッシュグレー）

［実物大］

植物のモチーフ

49-63

花や樹木などの植物は、古くから刺繍のデザインに使われてきました。

美しく、はかなくて、でも生命力にあふれた植物のパワーを

ここでは主にデリカビーズと丸特小ビーズという繊細な素材を使って表現していきます。

49 白い樹木

北欧の静かな森の風景をイメージしたデザインです。丸みのないデリカビーズは、直線的でゴツゴツした樹木を表現するのにぴったり。凛とした表情が生まれます。葉の微妙な"浮き感"を生み出すのにオリジナルのテクニックを使っています。

**
針/クロッシェ+針

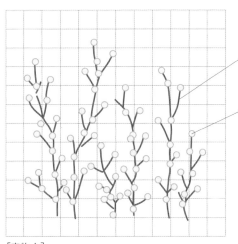

❶幹と枝を刺す。Aをひとつずつラインで刺す。詰めすぎないように。

❷葉を刺す。①で刺したビーズに針を通し、BCをランダムに3つとり、輪に刺す。

（上から）

①の幹と枝の部分は針でも刺せますが、クロッシェのほうがラインがきれいに出ます。刺し終わったビーズの間から針を出すので、つめすぎないのがポイントです。②の葉は針で刺します。

［実物大］
A デリカ 15/0 DBS335（白マット）
B デリカ 11/0 DB1458（ライトベージュ）
C デリカ 11/0 DB1164（黄マット）

50 秋の白い樹木

49の応用です。幹と枝の部分はデリカビーズを詰めて刺し、より直線的に。枝につく葉の角度や向きを変えることで自然な雰囲気が生まれます。糸の引き加減でビーズの角度を変えるという、ちょっとしたことで表情が変わるテクニックを使っています。

①の幹と枝の部分はクロッシェでも針でも刺せます。②の葉は針で刺しますが、ペタッと平面的になってしまわないように。4つのビーズを留める最後のひと針を引き締めすぎないのがポイント。

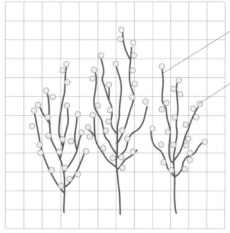

[実物大]
A デリカ 15/0 DBS 335（白マット）
B デリカ 11/0 DB1164（黄マット）
C デリカ 11/0 DB334（ライトゴールドマット）

★★
針/クロッシェ+針

❶幹と枝を刺す。**A**をひとつずつラインで刺す。間隔はあけなくてよい。

❷葉を刺す。**BC**をランダムに組み合わせて立たせるように刺す（**a**）。
（**a**）の近くから針を出し、ビーズに通った糸にひっかけ、立っているビーズを寝かせる（**b**）。

a   b

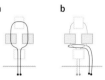

51 初夏の白い樹木

白い樹木に丸い花を咲かせてみました。穴が大きく、ガラスの厚みが均一なデリカビーズならではのかわいらしい表現になります。ひとつのビーズを2か所ずつ留めていくので、花びらの形がくずれにくいのも特徴です。

①の幹は図案を描くときに②の花の位置をマークしておき、その位置にはビーズをつけないで刺します。幹は針でもクロッシェでも。花は針で刺します。

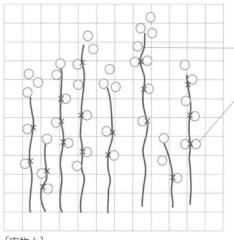

[実物大]
A デリカ15/0 DBS 335（白マット）
B デリカ11/0 DB1164（黄マット）
C デリカ11/0 DB373（青緑マット）

★★
針/クロッシェ+針

❶幹を刺す。**A**をラインで刺す。**✕**の位置はひと目分あける。

❷花を刺す。花は**BC**をランダムに5つ組み合わせ、穴を上に向けて丸く刺す。

52 ミュール

フランスの森では、ときおり見たこともない木の実に遭遇します。そんな実を透明感のあるデリカビーズで作りました。ビーズの数で大きさを調節してこんもりした立体感を表現しています。バッグなどに刺したらレトロな雰囲気が生まれそうです。

★★
針/クロッシェ+針

①の幹は自然な感じを出すために、ところどころラインをジグザグに刺していきます。②の葉はビーズを一度に2〜4個入れて刺しますが、均一になりすぎないよう、ビーズの数や針を入れる方向に気を配りながら刺してください。幹と葉はクロッシェでも針でも。③の木の実は針で刺します。

❸実を刺す。CDを好みの割合で混ぜ、サークル状にビーズを立てていく。同じサークルでは立てるビーズの数が同じになるようにして、2〜4個ずつをサークルの大きさで変える(a)。

a

中心に芯となるビーズを立てる(中心はaで刺した数よりひとつ少なくする)。周りに立てたビーズの一番上をすくっていく、一周半回ったら糸を引き締める。ビーズの中を通して布に刺す(b)。

b

❶幹と枝を刺す。Aをひとつずつライン、またはジグザグに刺す。

❷枝の先に葉を刺す。Bを2〜4個ずつ3方向に広がるように枝の先につけていく。

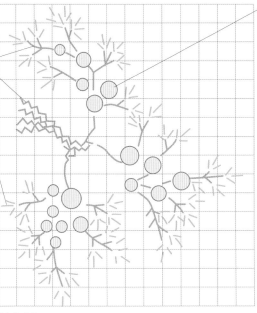

Aデリカ15/0 DBS334(ライトゴールドマット)
Bデリカ11/0 DB2046(マスタードグリーン)
Cデリカ11/0 DB2044(シャインローズ)
Dデリカ11/0 DB2043(アンバーオレンジ)

[実物大]

53　野の花

花が風になびくさまを刺繍で描けたら…。そんな思いから作ったデザインです。大切なのは針目が均一になりすぎないよう、臨機応変に針目の長さとビーズの数を変えてニュアンスを出すこと。まるで印象派の絵のように図案に動きが生まれます。

＊＊
針/クロッシェ＋針

葉と葉脈は糸とランダムに入れたビーズで表現しています。葉脈は糸のラインの方をメインにし、ビーズを入れ過ぎないように気をつけて。花は2本並べて刺したビーズの上に、さらに1本ビーズのアーチをかけていきます。刺すときにビーズの数を調節します。

❶Aをひとつずつラインで刺す。

❷Bをひとつずつラインで刺す。

❸ビーズステッチ糸でラインを刺す。ところどころランダムにBを入れる。

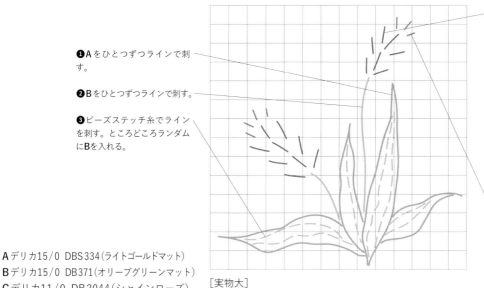

❹花を刺す。CDのビーズをお好みでミックスし、2～3個ずつ2本ぴったりとつけて刺す（a）。

（a）の中心にかぶせるように3本目を刺す。アーチを描くようにビーズの数はそれぞれの箇所で調節する（b）。

a　　　　b

❺花の先端を刺す。CまたはDをふたつずつ留めつける。針を入れる方向に注意して、自然になびく感じを出す。

A デリカ15/0　DBS334（ライトゴールドマット）
B デリカ15/0　DB371（オリーブグリーンマット）
C デリカ11/0　DB2044（シャインローズ）
D デリカ11/0　DB2043（アンバーオレンジ）
糸：MIYUKIビーズステッチ糸 Col.20（カーキ）

［実物大］

54 丸い実

ふくらんだ実の立体的な表現は、別布に綿を詰めて土台を作り、その上にビーズを刺します。くるみボタンやアクセサリーのパーツなど、いろいろな場面で応用できるテクニックです。

**
針/クロッシェ+針

実の土台の中に入れるわたは何でも構いませんが、わたを十分に詰めて固くするのがポイント。土台が柔らかいとビーズを刺したときに沈んでしまい、でこぼこした実になってしまいます。ビーズを留めつけるときは、方向が揃わないように、いろいろな向きにします。長めの針を使いましょう。

❶葉を刺す。Bをひとつずつ、または不規則に入れながらラインで輪郭を刺し、内側の模様をAで刺す。DEをランダムにヴェルミッセルで刺す。

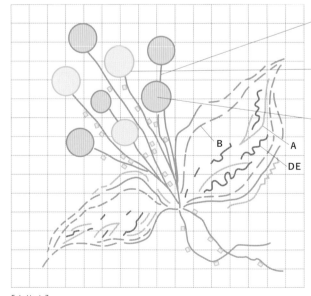

❷茎と根を刺す。時々Bを入れながらビーズステッチ糸でラインを刺す。

❸平らな実を刺す。CDEを1：1：3の割合で混ぜ、ヴェルミッセルで刺す。

❹ふくらんだ実を作る。丸くカットした布の周囲をぐし縫いし、糸を引き締めて丸い実を作る（図案より少し小さくなるように）。図案の中心に縫いつけ、その上にCDEを1：2：1の割合で混ぜたビーズを刺す。

オーガンジーなど
わた

Aデリカ15/0 DBS334
（ライトゴールドマット）
Bデリカ15/0 DBS371
（カーキ）
Cデリカ11/0 DB2046
（マスタードグリーン）
Dデリカ11/0 DB2044
（シャインローズ）
Eデリカ11/0 DB2043
（アンバーオレンジ）
糸：MIYUKIビーズステッチ糸Col.20（カーキ）

［実物大］

55 ふっくら桜

フランスにはぽってりとした八重桜が多く、ソメイヨシノのような清楚で可憐な桜はなかなか見ることができません。この図案は日本の桜のイメージで作りました。グレイッシュなピンクで、主張しすぎない優しい色合いに。

★★
針/クロッシェ＋針

花びらをラインで埋めていくときは、ビーズの入れすぎに注意。図案の輪郭にうまくおさまるようにビーズの幅を考えながら刺していきます。花びらのふくらみ部分は、アーチの高さが同じになるようにビーズの数を調節します。

❶葉と茎を刺す。Bをひとつずつラインで刺す。

❷つぼみのガクを刺す。Bを5、6個まとめてつける。
針目をビーズの長さより短くしてふくらませるように刺す。

（横から）

❸花の中心を刺す。中心にEを刺し、Dを放射状に2個ずつつける。

❹花びらを刺す。Cを花びらの輪郭に合わせてひとつずつつける。まず中心を刺し、左右交互に刺し進めていく。

（上から）

❺花びらにふくらみをつける。Aを❹で刺したラインの間に埋めていく。少しふくらみをもたせて輪郭のすぐ外側に針を入れる。

C（横から）　A

Aデリカ 15/0 DBS191（ピンクグレー）
Bデリカ 15/0 DBS371（カーキ）
Cデリカ 11/0 DB191（ピンクグレー）
Dデリカ 11/0 DB631（グレー）
Eデリカ 11/0 DB1458（薄ベージュ）

［実物大］

56 向日葵 (ひまわり)

横向きの花は、正面とは違った魅力があります。黄色い花がひしめき合う向日葵畑も素敵ですが、ここで表現したかったのは誰かの庭先にひとつだけ咲いているような一輪の向日葵。たくさんの花びらは2色のビーズで強弱をつけます。

★★
針/クロッシェ+針

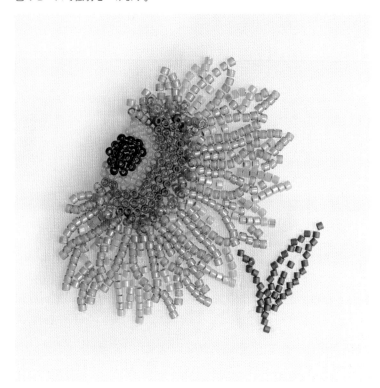

デリカビーズは、普通に刺すのと穴を上に向けて立てて刺すのとではまったく印象が違います。ここでは両方を使い、それぞれのニュアンスを生かしました。穴を上にして留めるときは、隣のビーズと一緒に留めつけます。返し縫いと同じ針運びでつけると、ビーズがきれいに立ちます。

❶葉と茎を刺す。Aをひとつずつライン、またはジグザグに刺す。

❷花びらを刺す。BとCをひとつずつラインで刺す。花びらの中心は時々空ボワンを入れながら刺す。

❸花の中心を刺す。(a)Eを2個重ね、穴を上に向けて留めて輪を作る。

（横から）

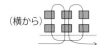

(b)Cの穴を上に向けて刺す。aに沿うように半円をライン2本で描くように埋めていく。

(c)a同様、Aを2個重ねて穴を上に向けてライン3本で埋めていく。

❹境目を刺す。Dを3つ斜めに立たせる。

（横から）

[実物大]
A デリカ 15/0 DBS 371（カーキ）
B デリカ 11/0 DB 2043（アンバーオレンジ）
C デリカ 11/0 DB 1458（薄ベージュ）
D デリカ 11/0 DB 2046（マスタードグリーン）
E デリカ 11/0 DB 311（こげ茶マット）

57　紫陽花
あ じ さ い

フランスでは紫陽花はブルターニュ地方でよく見られる花。小さな花の集合体をビーズでどう刺そうか
と考えて生まれた図案です。ひたすらビーズで埋めたように見えますが、実は小さな花びら4つずつを
組み合わせた小花の集合になっています。

**

針/クロッシェ+針

花に少しトーンの違うビーズを混ぜると、それだ
けで立体感が出ます。または同じ色でサイズの違
うビーズを混ぜるのもひとつの方法。ここではエ
クリュの花を刺すときにベースは丸特小で刺し、
時々丸小を入れています。立体感が出てナチュラ
ルな雰囲気になります。

❶葉と茎を刺す。**A**をひとつず
つライン、またはジグザグに刺
す。

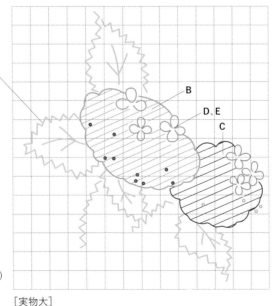

[実物大]

❷花を刺す。**B**（または**C**）を4
つ通して輪にする（**a**）。その中
心に3つ刺して輪を寝かせ、花
びらを作る（**b**）。これを4枚刺
して中心に**D**を入れる（**c**）。

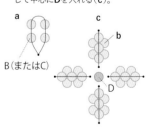

（**c**）を向きを変えながらつめて
刺し、面を埋めていく。それぞ
れの色の花の中に、時々違う色
のビーズや、エクリュの花を混
ぜるとナチュラルに仕上がる。

A デリカ 15/0 DBS 371（カーキ）
B 丸特小 15/0 #152 FR（ブルーグレーマット）
C 丸特小 15/0 #1826（マリンブルー）
D 丸特小 15/0 #2250（エクリュ）
E 丸小 11/0 #2250（エクリュ）

58 黒法師

日本で偶然に見た黒法師の花があまりにも印象的で、そこから作った図案です。実際の花は黄色ですが、金色のビーズを使うことでゴージャスな雰囲気をプラスしました。太陽光にあたると神秘的な美しい輝きを放つビーズです。

★★★
針/クロッシェ＋針

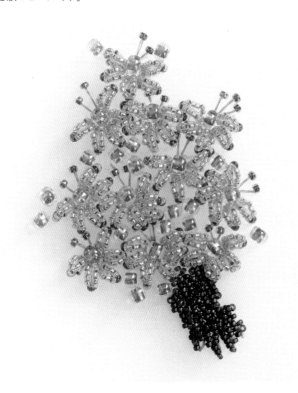

クロッシェで刺せるのは枝のラインだけで、あとは針で刺します。花は何度も素材を重ねていく複雑な作りです。ひとつの花に5、6枚の花びらをつけますが、ひとつ刺し終わったら次に行く前に小さいポワンで糸をしっかり固定してください。

A丸特小 15/0 #2069（玉虫マット）
B丸特小 15/0 #306（ラスターグリーン）
C丸特小 15/0 #196（ゴールド）
D丸小 11/0 #3526（オレンジ）
E特大 6/0 #3215（クリスタルオレンジ）
F竹 3mm #3（ライトゴールド）
糸：MIYUKIビーズステッチ糸 Col.20（カーキ）

❶枝を刺す。Aをひとつずつラインで刺し、そのラインをくずすようにBをランダムにつける

❷花の中心を刺す。中心にEを刺し、ビーズステッチ糸で雄しべを刺す。先端にDを刺す。

（上から）

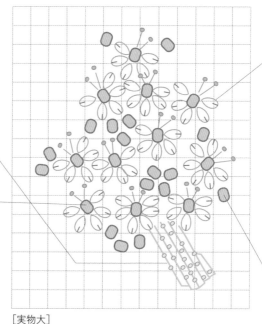

[実物大]

❸花びらを刺す。C、F、D2個をアーチを描くようにまとめて刺す（a）。
Cに針を出し、さらに5個針に入れてD2個に通す。もう1本刺し入れて、竹ビーズの上に2本のアーチを作る（b）。花びらを❷のまわりに5～6個作る。

❹花と花の間にバランスよくEを刺す。

59 秋の枝

単純な線のみ、ビーズも平らにつけただけのシンプルな図案です。ビーズそのものの魅力がストレートに伝わるこんな図案は、ていねいに刺すことを意識してみてください。

★
針/クロッシェ+針

枝の部分はクロッシェでも針でも刺せます。クロッシェで刺す場合、Bのビーズをつける部分はシュネットを刺して場所をあけておき、あとから針でつけます。針の場合は順番に留めつけていきます。葉の部分は数個のビーズをまとめて刺します。まっすぐな葉を表現したいので、針足の長さは入れるビーズの長さの合計よりも、ほんの少し長めにします。

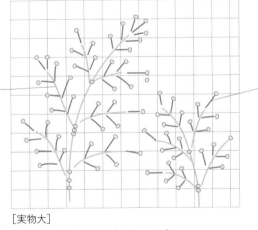

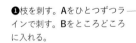

❶枝を刺す。Aをひとつずつラインで刺す。Bをところどころに入れる。

❷葉を刺す。CDをまとめてひと針で刺す。Cの数は好みで2〜6個。クロッシェの場合はCを刺したあと、その先にDをひとつずつ刺す。

[実物大]
A 丸特小 15/0 #2069（玉虫マット）
B 丸特小 15/0 #306（ラスターグリーン）
C 丸特小 15/0 #195（ゴールド）
D 丸小 11/0 #4512（ハーブイエロー）

60　アカツメクサ

色のバリエーションが豊富な美しいビーズ。この図案では、赤を表現するのに2色のビーズを使って立体感を出しています。刺し方によって色のニュアンスも変わって見えるので不思議です。

★★
針/クロッシェ+針

葉と茎はクロッシェでも針でも刺せます。2色のビーズをクロッシェで刺す場合は、あらかじめミックスしてアンフィラージュしたものを刺してもいいですし、まずはAを刺し、Bをあとから針で加えていくこともできます。花は針で刺しますが、丸くこんもりとなるように3段階の高さの違うパーツを組み合わせて埋めていきます。

❶葉を刺す。輪郭はAをひとつずつラインで刺す。中はABをランダムに混ぜてラインで刺す。

❷茎を刺す。Aをひとつずつジグザグに刺し、Bをところどころに入れる。

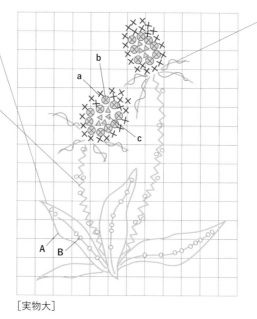

❸ガクを刺す。Aをひとつずつラインで刺し、そのラインを崩すようにBをジグザグに刺していく。

❹花を刺す。CにDをところどころ入れながらabcの順番で外から内に向けて埋めていく。
（a）ひとつ刺す

（b）2個立てる

（c）3個立てる

A 丸特小 15/0 #2069（玉虫マット）
B 丸特小 15/0 #306（ラスターグリーン）
C 丸特小 15/0 #336（ライトルビー）
D 丸特小 15/0 #134FR（アンティークピンク）

［実物大］

61　忘れ咲き

くすんだニュアンスのビーズで刺した花は、まるで季節をまちがえて咲いてしまった野花のよう。自然界にはあまり存在しないブルーグレーの花。現実にはない色が表現できるのも刺繍の楽しみのひとつです。

★★
針/クロッシェ+針

葉と茎はアカツメクサ同様、クロッシェでも針でも刺せます。花びらは針で、輪をふたつ重ねるようなイメージで立体的に作ります。

❶葉と茎を刺す。葉は**A**を、茎は**AB**をランダムに混ぜてひとつずつラインでつける。

❷花芯を刺す。**E**を2個ずつまとめて刺し、放射状につける。

❸花びらを刺す。**D**1個、**C**7個（右の花は**D**1個、**C**9個）で輪を作り、花びらの根元にふたつつける。

（横から）

外側にくる輪を寝かせて中央のビーズを留める（**a**）。その輪の中から針を出し、もうひとつの花びらの中央に通して同様に留めて寝かせる（**b**）。

a

b

［実物大］

A 丸特小 15/0 #2069（玉虫マット）
B 丸特小 15/0 #306（ラスターグリーン）
C 丸特小 15/0 #152FR（ブルーグレーマット）
D 丸特小 15/0 #2008（ブロンズグリーン）
E 丸特小 15/0 #195（ゴールド）

62　小花が集まる春の花

3種類の異なる白いビーズを重ねて花を刺します。複数の素材を混ぜたり、刺し方を変えたり、立体にして影を作るなど、あの手この手で自然の中の色合いを再現するのはとても楽しいものです。

★★
針/クロッシェ+針

花の部分は、ビーズがかなり混みあってくるので、糸がゆるまないようにすることと、糸が引っかかってしまわないように気をつけながら刺していきます。

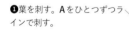

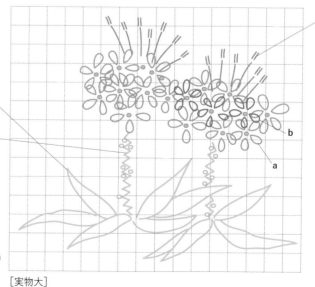

❶葉を刺す。Aをひとつずつラインで刺す。

❷茎を刺す。ジグザグにAを刺し、ランダムにBを加える。

❸雄しべを刺す。ミシン糸でラインを刺し（クロッシェは裏からシュネット、針は表から返し縫い）、先端にCを3個ずつ刺す。

❹花を刺す。中心にCをひとつ刺し、その周りにビーズを輪にして花びらを5個作り、留めつける。大きい花びら（a）と小さい花びら（b）をバランスよく配置する。

（横から）

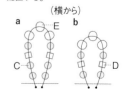

A 丸特小 15/0 #2069（玉虫マット）
B 丸特小 15/0 #306（ラスターグリーン）
C 丸特小 15/0 #2250（エクリュ）
D デリカ 15/0 DBS335（白マット）
E 丸小 11/0 #1920（ホワイト）
糸：ミシン糸#60（ライトベージュ）

［実物大］

63 輝く青い花

ビーズを重ねてふっくらとした花びらを表現。透明な水色のビーズの上につや消しの青をかぶせていますが、光る素材とマットな素材のコントラストはまわりとなじみやすい色合いを作ります。

★★★
針/クロッシェ＋針

アウトラインステッチですでに立体的になっている花びらの上に、さらにビーズのアーチをかけていきます。上にかける方のビーズの数を十分にとらないと下のビーズをつぶしてしまうので注意してください。

❶葉を刺す。AとBをランダムに混ぜ、ひとつずつラインで刺す。

❷茎を刺す。Aをラインで刺し、ランダムにBを加える。

❸花の中心を刺す。Dを4個ずつ立てる。

（横から）

Cをひとつずつ方向を変えながら刺し埋める。

❹花びらを刺す。アウトラインステッチの要領で埋める。まず中心を刺し、番号順に刺し進めていく（a）。

a

EとFを好みの配分で混ぜ、aの上からアーチをかけていく（b）。ビーズの数は花びらの大きさで変える。

b

[実物大]

A 丸特小 15/0 #2069（玉虫マット）
B 丸特小 15/0 #306（ラスターグリーン）
C 丸特小 15/0 #2250（エクリュ）
D デリカ 15/0 DBS335（白マット）
E 丸特小 15/0 #263（ライトオーロラブルー）
F 丸特小 15/0 #1614（ターコイズマット）

ティラビーズ

64-77

タイルのような四角形で、ふたつ穴が開いている個性的なビーズ。
存在感があるので、面にする、立てる、ランダムに配置するなど、
アイデア次第でまったく違う表現が生まれます。

64　ヴィンテージ・ローズ

パリのマルシェでバラを買うとき、さんざん悩んだ末に選ぶのは、ちょっとくすんだシックな色のバラ。
アンティークのすりガラスを思わせるティラビーズで、甘すぎないエレガントなバラに仕上げました。

★
針

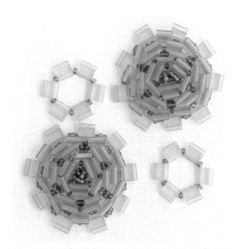

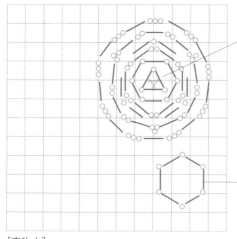

❶中心から外側に向かって刺す。1周目はAとBで三角形を作る。

❷2周目は1周目のAを立て、すぐ外側につめて刺す。6周目まで刺し、6周目はAを倒す。

❸芯になる部分はB8個を3本、アーチ状に刺して交差させる。

❹小さい円は2周目だけを刺す。

ティラビーズの片側だけを留めて刺した図案。1周分のビーズを全部通して形を整え、ところどころを留めるとバランスよく均等に配置できます。

［実物大］
A ティラ TL3173（フロステッドグラス）
B 丸特小 15/0 #152FR（ブルーグレーマット）

65　フォートレス

フォートレス(forteresse)とは、フランス語で城塞のこと。ブロンズがかったメタルグリーンのティラビーズで古い石のニュアンスを表現しました。色を替えたら雪の結晶にも見えそうな図案です。

★★
針

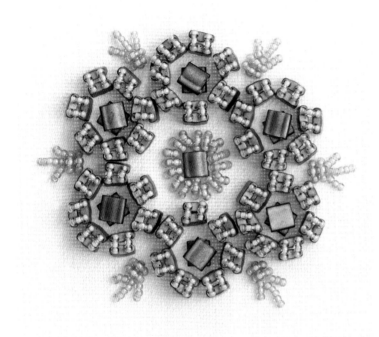

ティラビーズを立てたり、ずらして形を重ねたりと楽しい表現が盛りだくさんです。ゆるまないようにしっかりした糸を選ぶこと、糸をしっかり締めてひとつ刺すごとに小さいポワンを入れることを必ずしてください。

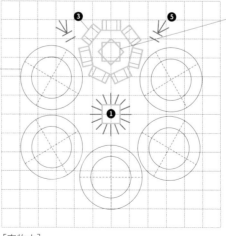

❶直径11mmと17mmの図案線を6個描いておく。
中心にAをひとつ刺し、周囲にBを放射状に刺す。5個入れてアーチ状に刺す。

❷Aを2個ずらして重ねて刺す。

❸AとBを❷の周りに7個立てる。

❹❶の周りに❸を6組作る。

❺Bを3個まとめて刺し、その上からB5個をアーチにして2本渡し、その上に3本刺す。これを円と円の間に6個刺す。

［実物大］
A ティラ TL2008（ブロンズグリーン）
B 丸特小 15/0 #2250（エクリュ）

66 波打つビーズ

波打つラインの上でティラビーズがゆらりゆらり。そんなファジーな表現も、
穴がふたつ開いているティラビーズならでは。丸特小ビーズは波間の水の粒を表しています。

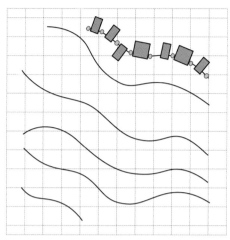

❶CとAまたはBを交互に入れ、
図案通りに刺す。

❷AとBの向きを決めて倒し、
反対側を留める。

ライン上に刺すのは針でもクロッシェでもできま
すが、クロッシェの場合はまず順番を考えてアン
フィラージュします。ラインの両端は必ず丸特小
をひとつ刺します。

[実物大]
Aティラ TL401F（黒マット）
Bハーフティラ HTL401F（黒マット）
C丸特小 15/0 #2008（ブロンズグリーン）

67 ティラビーズの格子

平らな形のティラビーズを土台に、特小ビーズを斜めにかけてデコレーションしてみました。市松模様
にも見え、段差も面白い表情を出してくれます。

★★
針/クロッシェ+針

❶穴が縦になるようにAを刺す。

❷①の右下に針を出し、右の
穴に通してBCを糸に通し、左
側の穴に通す。Aの下で小さい
ポワンを入れて糸を引き締める。

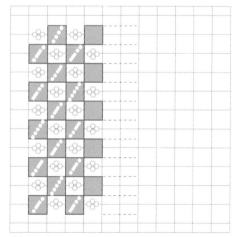

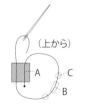

（上から）

❸すきまの花をC4個で刺す。
クロッシェの場合はポワンティ
レで、中心に戻ってくる要領で
刺す。

なめらかなガラスビーズの上にさらにビーズを固
定します。糸がゆるむと脇に落ちてしまうので、
しっかりと糸を引き締めます。

[実物大]
Aティラ TL401F（黒マット）
Bスレンダービューグル 1.3×3 SLB2008
（ブロンズグリーン）
C丸特小 15/0 #2008（ブロンズグリーン）

68 グランド・ヴィル

「大都市」という名前の図案です。ティラとハーフティラを組み合わせて近代建築が立ち並ぶ大きな街をイメージしました。あえて見えるように刺した糸もデザインの一部です。

★★
針

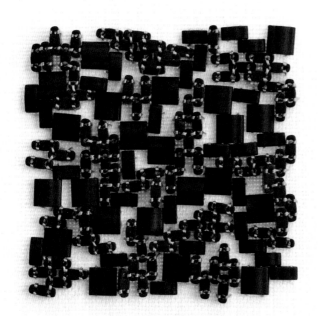

ビーズどうしが接する箇所は、すきまがないようにぴったりとつけます。立てるときはグラグラしないように糸をしっかりと引き、要所要所に小さいポワンを入れます。

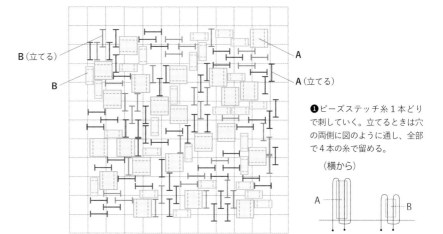

B(立てる)
B
A
A(立てる)

❶ビーズステッチ糸1本どりで刺していく。立てるときは穴の両側に図のように通し、全部で4本の糸で留める。

（横から）

A
B

［実物大］
Aティラ TL401F（黒マット）
Bハーフティラ HTL401F（黒マット）
糸：MIYUKIビーズステッチ糸 Col.5（ゴールド）

69 レンガ積み

ティラビーズは面積が大きいので、こんなふうに面を埋める図案も早くできます。ブルーグレーの丸特小をあしらってレンガを積み上げたようなモチーフに。色を混ぜて模様を作っても面白いと思います。

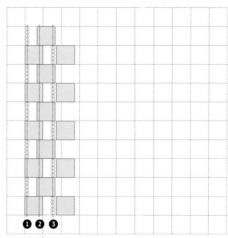

3列を1セットとして刺していきます。布に留めるのは上下の端だけで、あとは布の上に浮いている状態です。糸を引きすぎるとつれてしまうので、引き加減に気をつけて進めます。

[実物大]
A ティラ TL3173（フロステッドグラス）
B 丸特小 15/0 #152FR（ブルーグレーマット）

＊
針

❶左下に糸を出し、AとB5個を交互に糸に通し、左上に針を刺して留める。

❷1列目のAと2列目のAを通して留める。

❸B5個と2列目のAの反対の穴を通して留める。これを繰り返して面にしていく。

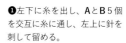

70 ぱたぱた

ただ直線に並べて刺しただけで、こんなに面白い表現になるのもティラビーズならでは。上に倒したり、下に倒したり、いろいろな向きにしたり。バッグやスニーカーに刺して一緒に出かけたいデザインです。

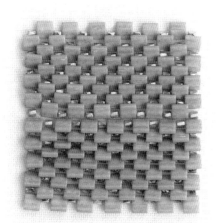

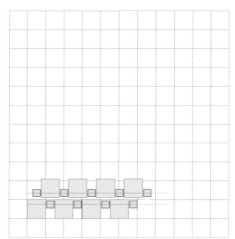

ふたつあるティラビーズの穴のうち、片側だけを留めます。好きなように倒してデザインしてみてください。クロッシェで刺す場合は2本どりにできないので糸は強いものを使用してください。

[実物大]
A ティラ TL599（ラスターピンク）
B ツイスト 2cut 10/0 TW181（シルバー）

＊
針/クロッシェ

❶AとBを交互に1個ずつ刺す。Aは片方の穴だけに通す。

❷1列目と3mm開けて次の列を刺す。互い違いになるように配置する。

❸好きなようにAを倒す。

71 ハーフティラのネット

並べ方と刺し方を変えるだけで印象がずいぶん変わります。ハーフティラと丸小ビーズを交互に糸に通してつないでいったらネットレースのようになりました。チュールや透ける布に刺したらまた違った効果が生まれそうです。

★
針

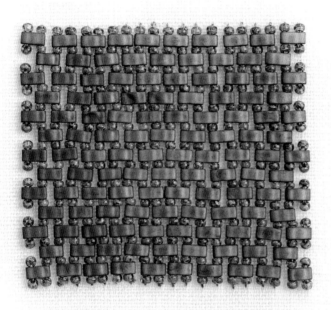

布に縫われているのは上下と最初と最後の2列ずつのみで、あとは浮いている状態です。ティラビーズでも応用できます。

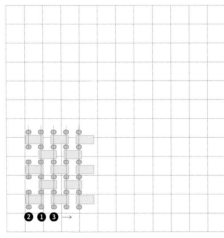

❶2番目の列から開始する。AとBを交互に刺す。

❷①のAを交互に左に倒し、Bを入れて布に留める。

❸3列目はBをひとつ布に留め、ABを交互に通し、最後のBを布に留める。

❹③を繰り返して面を作る。最後の列は①②と同様に布に留めつける。

❷❶❸　→

［実物大］
A ハーフティラ HTL 2002（スモーキーグレー）
B 丸小 11/0 #4506（ライトブロンズ）

72　3Dビーズ

上から見たり、横から見たり。ずっと見ていても飽きないモチーフです。ちょっと機械のようでもあります。ぜひ実際に刺してこの立体感を楽しんでください。

★
針

❶ACDを図のように通して立体にする。針の出し入れは図案線の内側でする。

❷BCで立体を作る。①の下に入り込むように刺す。

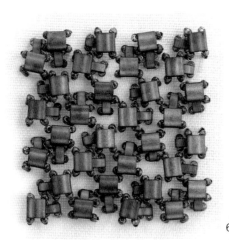

ひとつひとつは丸小とスレンダービューグルの足がついたテーブルのような形。ティラビーズは穴の向きがあるので、方向を確認しながら進めます。

6mm
6mm
[実物大]

A ティラ TL2002（スモーキーグレー）
B ハーフティラ HTL2002（スモーキーグレー）
C 丸小 11/0 #4506（ライトブロンズ）
D スレンダービューグル 1.3×3 SLB2008（ブロンズグリーン）

73　浮いたティラビーズ

ティラビーズはせっかく平らで面積が広いのだからとビーズの上にのせてみたら、画面から浮き出ているような面白いデザインになりました。

★★
針/クロッシェ+針

❶CとDを交互にひとつずつ刺す。終わりと始まりはCになるように。2本ずつ3mm間隔で刺す。

❷①の上にAとBを穴が縦になるように置いて刺す。同じ素材が隣にこないようにバランスを見て刺す。

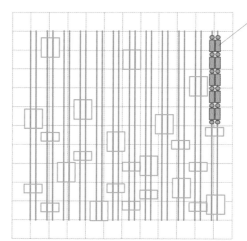

下のラインはクロッシェでも針でも。ティラとハーフティラは針でつけますが、バランスを見て、同じ素材が隣どうしにならないように刺します。

A ティラ TL2312（カラシマット）　　[実物大]
B ハーフティラ HTL2312（カラシマット）
C 丸特小 15/0 #2006（こげ茶マット）
D スレンダービューグル 1.3×3 SLB2006（こげ茶マット）

74 伸びるティラ

植物がにょきにょきと太陽に向かって伸びていく様子を表現しました。機械仕掛けの昆虫のようにも見えます。図案線を描いて刺すのではなく、思いのままに刺していくのも楽しいと思います。

★★
針

72の刺し方の応用です。スレンダービューグルと丸特小に2度針を通すので、針は細いものを使ってください。ところどころ半分ずらしたり、2個並べたりして単調にならないようにしています。

❶ABにCEの足をつけて立体にする。隣り合うものは足を共通にして刺していく。

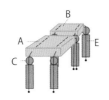

❷ときどき、半分ずらして入れる。反対側はCEを3～4本立ててつなぐ。

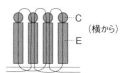

❸先端はBが①にもぐるように刺し、DEとC3個を刺して飾りをつける。

Aティラ TL2312（カラシマット）
Bハーフティラ HTL2312（カラシマット）
C丸特小 15/0 #2006（こげ茶マット）
Dスレンダービューグル 1.3×6 SLB2006（こげ茶マット）
Eスレンダービューグル 1.3×3 SLB2006（こげ茶マット）

［実物大］

75 ハーフティラの花モチーフ

中心から外へ向かって広げていくと、美しい花のモチーフになりました。もっと広げて大きな花を作ることもできます。丈の長いドレスの裾に思う存分刺してみたくなる図案です。

★
針

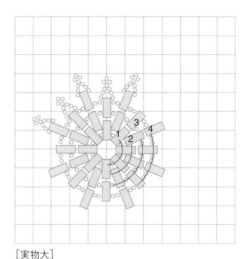

[実物大]

A ハーフティラ HTL599（ラスターピンク）
B 丸特小 15/0 #152FR（ブルーグレーマット）

ハーフティラが均等になっているかを確認しながら進んでいきます。大きな花に広げたい場合は、間に入れる特小の数を増やしたり、ハーフティラを2個入れるなどしてバランスよく広げていきます。

❶内側から刺す。1周目はAB各8個を交互に通して輪にし、糸を2周させてBの位置でコーチングステッチで布に留める。

❷①のAの間にAを入れ、輪にして形を整え、布に数か所留める。同様に3、4周目もABを輪にして留める。

❸4周目はAの端を布に留め、Bを編む。3周目にも同様にBを編む。

76 半円の文様

松や青海波のような、和を思わせる図案です。クォーターティラは、ハーフよりさらに細い幅なのに穴がちゃんとふたつ開いていて、どんどん面白い図案を考えたくなる素材です。

★★
針

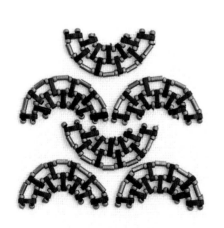

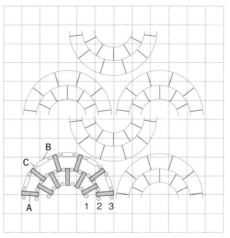

[実物大]

A クォーターティラ QTL401F（黒マット）
B スレンダービューグル 1.3×3 SLB2008（ブロンズグリーン）
C 丸特小 15/0 #2008（ブロンズグリーン）

最初のビーズを布に留めたら1段ごとにビーズを糸に通し、半円に形を整えてからところどころを留めます。少し外側にひっぱるように留めるのがコツです。

❶AとCで1周目を糸に通し、半円形に整えて反対側に針を入れ、数か所布に留める。同様に2周目は1周目のAにACを通して刺し、3周目は2周目のAとBCで刺す。

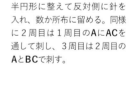

77 メタリック・フラワー

シルバーのハーフティラが機械の花のよう。シルバーがピンクの甘さを消して大人の色合いにしてくれるので、相性のよい組み合わせです。グレージュのクリスタルビーズがキラリと光ってポイントになります。

★★
針

図案線の円に等分の点をつけておくとビーズが配置しやすくなります。立体的なモチーフなので、しっかりした糸を使ってください。

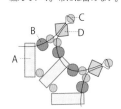

❶直径9mmと15mmの図案線を描き、外側から刺す。最初にAをひとつ布に留め、AとBを各12個ずつ糸に通して引き締め、丸く整えて数か所を糸で留める。

❷内側はAとCを各8個で同様に円を作って留める。

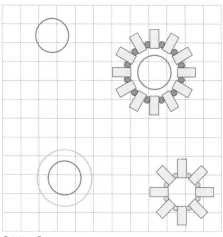

❸②のAの外側の穴にBCDを編んでいく。布には留めない。

❹二重にしたものと、内側の円だけのものと2種類作って配置する。

[実物大]
A ハーフティラ HTL1865（シルバー）
B 丸小 11/0 #198（グレイッシュピンク）
C 丸特小 15/0 #198（グレイッシュピンク）
D クリスタルビーズ ソロバン 4mm（グレージュ）

＋クリスタルビーズ

78-87

クリスタルガラスをカットしたクリスタルビーズは、日本でも大人気ですが、
オートクチュールのドレスにも欠かせないアイテムです。
MIYUKIビーズにクリスタルビーズをプラスして図案を作りました。

78　光る縞模様

きらきらと輝くクリスタルビーズに、さらに反射のきれいなゴールドのツイストビーズを組み合わせた
ら、ゴージャス感あふれるモチーフになりました。小さなクラッチバッグを作ったら注目を集めそうです。

★
針／クロッシェ＋針

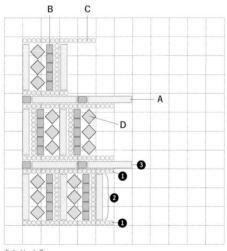

❶Cをひとつずつ横方向にラ
インで刺す。

❷A 1 本、D 3 個、B 5 個、
C 11個をそれぞれ縦にまとめ
て刺す。

❸AとBを交互に横に刺す。

縦のラインは、ビーズを複数個まとめて針で刺す
と直線がぴったりときれいにできます。上下の特
小のラインはクロッシェで刺すのがおすすめです。

［実物大］
A ツイスト 2.0×12 TW182（ゴールド）
B ツイスト 2 cut 10/0 TW182（ゴールド）
C 丸特小 15/0 #23（パールピンク）
D クリスタルビーズ ソロバン 4 ㎜（ライトピンク）

79　光るツイード・1

オートクチュールでは「刺繍で布を作る」ことがたびたびあります。服地全体に模様として丹念に刺繍を
していくのです。この図案でも縦、横に糸を織るように刺しています。織物では表せない立体感や質感
が表現できます。

★★
針

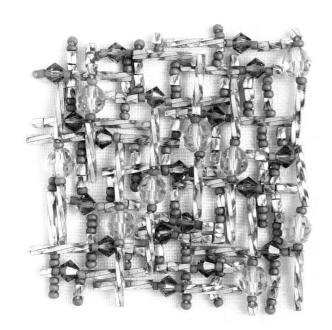

ビーズはすべてまとめて刺します。重くなるので、
ひと針目ごとに小さいポワンを入れてしっかりと
留めます。糸は太めで強いものを使用。全体のバ
ランスを見ながらビーズの数や位置を調節してい
きます。

［すべて80％縮小図］

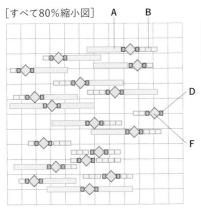

❶まず水平方向にABDFを一度に通して刺す。

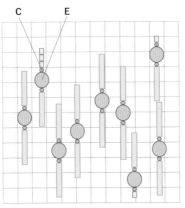

❷①をまたいで垂直方向にABCEを刺す。Eが
一番高いアーチ型になるように刺す。

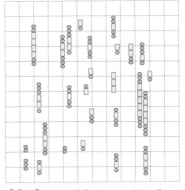

❸①と②でできた格子のあいているところにバ
ランスよくBCを入れていく。

Aツイスト 2.0×12 TW181（シルバー）
Bツイスト 2cut 10/0 TW181（シルバー）
C丸小 11/0 #2034（スモーキーピンク）
Dデリカ 11/0 DB379（ライトパープル）
Eクリスタルビーズ ラウンド 6mm（ライトピンク）
Fクリスタルビーズ ソロバン 4mm（グレージュ）

80 光るツイード・2

こちらは光る素材でびっしりと刺した図案です。縦方向のみ刺していますが、全体を埋め尽くすとまるで粗い糸で織ったツイードのようになります。6種類のビーズをバランスよく散らすことで全体の雰囲気が統一されます。

★★
針/クロッシェ

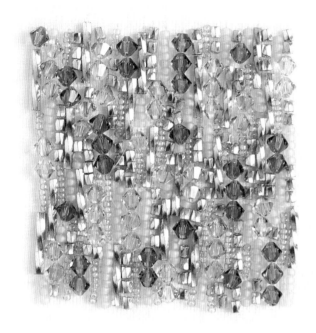

この図案のように数種類の素材を同じ方向に同じ刺し方で刺す場合、まずは大きな素材でバランスを構成し、そのバランスを崩さないように他の素材を刺し、最後に小さいもので全体を埋めます。

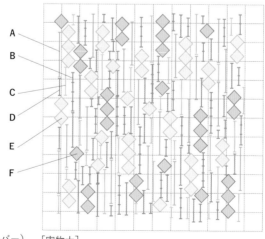

❶EFを1～3個まとめて通して刺す。3個の場合は途中を糸で布に留める。クロッシェの場合はひとつずつ刺す。

❷バランスを見ながらAを刺し、次にBを1～4個並べてひとつずつ刺す。

❸空いているところをCDで埋めていく。それぞれ一度に通して刺し、長くなった場合は途中を糸で布に留める。

A ツイスト 2.0×12 TW181（シルバー）　[実物大]
B ツイスト 2cut 10/0 TW181（シルバー）
C 丸小 11/0 #155FR（ライトピンクマット）
D 丸特小 15/0 #174（ライトブルーグレー）
E クリスタルビーズ ソロバン4mm（ライトグリーン）
F クリスタルビーズ ソロバン4mm（ブルーグレー）

81　光るモンドリアン

三原色のコンポジションで知られる画家モンドリアン。彼がキャリアの中期に描いた抽象的な樹木の美しいラインに発想を得て作った図案です。直線のみで構成していますが、ツイストビーズのうねりは、どことなく有機的な雰囲気を出しています。

★
針

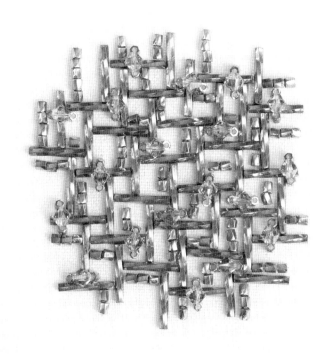

前に刺した素材の上をまたぐ工程が入ります。まずは平面的に刺すものを大きいものから刺していき、最後にブリッジで上に渡す素材をどう配置するか考えます。布の上で考えてもいいですが、色分けをした図案の上で考えると全体が把握しやすく、考えがまとまりやすいという利点があります。

❶Aを重ならないように縦横のバランスを考えながらランダムな格子を刺す。素材が大きいので刺し入れたところの近くに小さくポワンを入れると安定する。

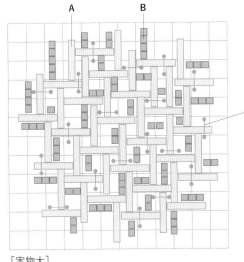

❷①の格子のところどころにBを1〜4個まとめて通して刺す。

❸①でつけたAにBCでブリッジを渡す。全体にまんべんなく、縦と横がだいたい同じになるように刺す。

（横から）

Aをまたぐ

［実物大］
Aツイスト2.0×12 TW182（ゴールド）
Bツイスト2cut 10/0 TW182（ゴールド）
Cクリスタルビーズ ソロバン 4mm（ライトゴールド）

82 万華鏡・1

同じ模様が連続し、まるでミラー効果で倍増させて映す万華鏡のよう。ビーズの上にビーズを渡し、その上にまたビーズ…というように、かなりの立体感があります。

＊＊
針

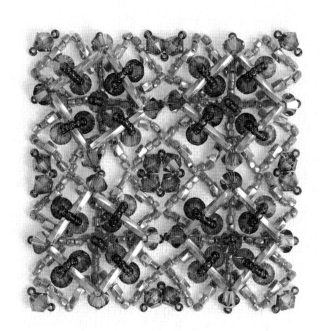

ビーズを重ねて刺していく図案は、進める順序が大切です。どこから刺すと効率よく刺せるかを考えながら図案を見ると、デザインの構造が見えてきます。

❶中心にCEを立てる。

C
E

❷①の周りに十字にDを5個ずつ刺す。

❸BDをコの字型に刺す。

（横から）
B D

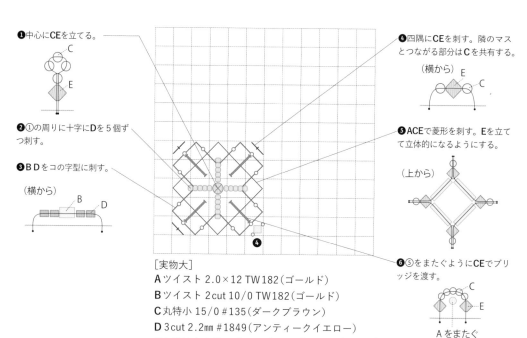

[実物大]
A ツイスト 2.0×12 TW182（ゴールド）
B ツイスト 2cut 10/0 TW182（ゴールド）
C 丸特小 15/0 #135（ダークブラウン）
D 3cut 2.2mm #1849（アンティークイエロー）
E クリスタルビーズ ソロバン4mm（ライトブラウン）

❹四隅にCEを刺す。隣のマスとつながる部分はCを共有する。

（横から）E
C

❺ACEで菱形を刺す。Eを立てて立体的になるようにする。

（上から）

❻⑤をまたぐようにCEでブリッジを渡す。

C
E
Aをまたぐ

83　モレキュール

モレキュールとは「分子」という意味のフランス語。規則正しく並んだデリカビーズと立てて刺したクリスタルビーズはなんだか分子構造のよう。ソロバン型のクリスタルビーズは立てて刺すと放射状に反射してとてもきれい。私の好きな使い方です。

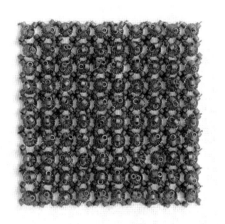

透ける布に刺す場合、裏に糸が渡らないように刺し方を考えますが、この図案は4㎜のクリスタルビーズで斜めに渡る糸が隠れます。

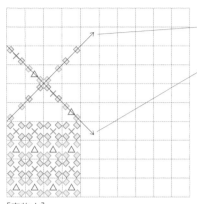

［実物大］
A デリカ 11/0 DB371（カーキ）
B デリカ 11/0 DB373（青緑マット）
C クリスタルビーズ ソロバン4㎜（カーキ）

★
針/クロッシェ＋針

❶右斜め上に向かって**AB**を刺していく。

❷右下に向かって**AB**を刺す。×と△の場所にはビーズを立てる。クロッシェの場合はまず**AB**だけを順番通りにアンフィラージュして空ポワンを入れながら刺し、針でビーズを立てる。

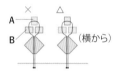

84　炎の海藻

この図案は線をあまり気にせず刺し進めます。丸小と丸大ビーズの組み合わせ、針目の長さ、刺す向きなどを少しずつ変えながら進みます。海中にゆらゆらと揺れる海藻のようで、クリスタルビーズが炎の光を与えているようです。

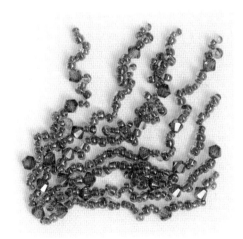

シンプルなだけに刺し方で全く違うものができあがります。ニュアンスを出すためにはどう針を出し入れしたらよいか、常に意識して進めます。

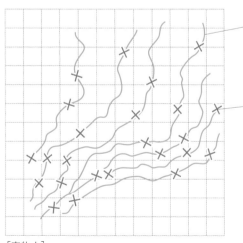

［実物大］
A 丸小 11/0 #3746（ブルーアンバー）
B 丸大 8/0 #3746（ブルーアンバー）
C クリスタルビーズ ソロバン4㎜（ライトブラウン）

★
針

❶**AB**をランダムに混ぜ、3個ずつまとめて刺す。針目を短くして膨らみをもたせ、ところどころ重ねて刺してボリュームを出す。

❷**C**を、穴の方向がラインの方向になるように刺す。

85 万華鏡・2

ライトゴールドのクリスタルビーズは、他のビーズのゴールドとオレンジを反射して、全体の素材を幻想的にミックスする役目をしています。どんな色にもなじむ万能色のひとつです。

★★
針

前に刺した素材をまたいでいくという立体的な刺し方です。上に重ねると糸がゆるみやすくなるので、そのつど糸を引いてきちんと引き締めます。ここでは5つ刺しましたが、もっと広げて格子模様にもできます。

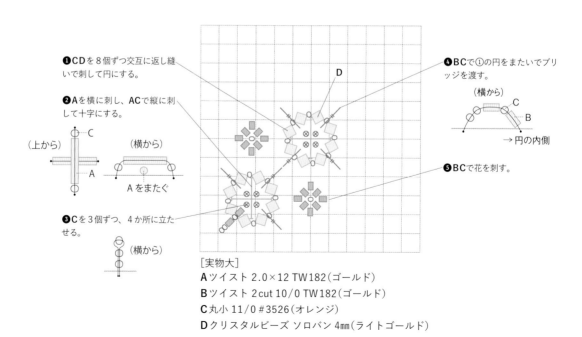

❶CDを8個ずつ交互に返し縫いで刺して円にする。

❷Aを横に刺し、ACで縦に刺して十字にする。

（上から）C

（横から）

A

Aをまたぐ

❸Cを3個ずつ、4か所に立たせる。

（横から）

❹BCで①の円をまたいでブリッジを渡す。

（横から）C
B
→ 円の内側

❺BCで花を刺す。

［実物大］
Aツイスト 2.0×12 TW182（ゴールド）
Bツイスト 2cut 10/0 TW182（ゴールド）
C丸小 11/0 #3526（オレンジ）
Dクリスタルビーズ ソロバン 4mm（ライトゴールド）

86 ガラスの小壺

丸く並べたクリスタルビーズの上部がきゅっと内側に入って、小さい壺のような形になりました。飾りボタンのように刺したり、中に刺繍をしてアクセサリーにしても素敵。いろいろ展開できそうなモチーフです。

★
針

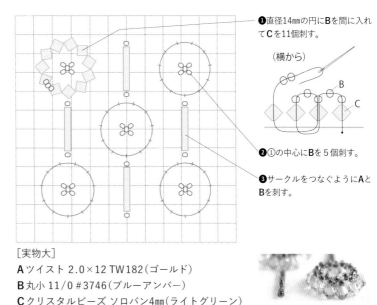

❶直径14mmの円にBを間に入れてCを11個刺す。

（横から）

B
C

❷①の中心にBを5個刺す。

❸サークルをつなぐようにAとBを刺す。

ソロバン型のクリスタルビーズを穴を上にして刺します。デリカビーズのように隣どうしがぴったりつかないので、間に丸小を入れてすき間を埋めてつなぎます。

[実物大]
Aツイスト 2.0×12 TW182（ゴールド）
B丸小 11／0 ＃3746（ブルーアンバー）
Cクリスタルビーズ ソロバン4mm（ライトグリーン）

87 打ち上げ花火

クリスタルビーズとシルバーのツイストビーズ、光る素材で打ち上げ花火を表現しました。長短のツイストビーズを放射状に広げていけば、もっと大きな花火も作れます。黒のドレスに刺せば美しいコントラストが映えそうです。

★
針／クロッシェ

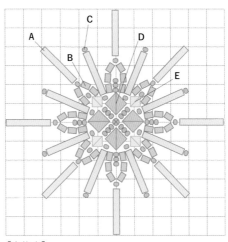

C
A
B
D
E

❶中心にC4個を立てる。

（横から）

❷中心から外側へ順番に刺す。

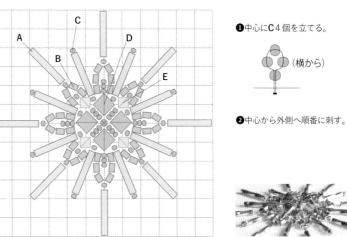

中心から外側に向かって刺していきますが、真ん中に素材を集中させ、だんだん間隔をあけていくことで花火の「散る感じ」を出しています。

[実物大]
Aツイスト 2.0×12 TW181（シルバー）
Bツイスト 2cut 10／0 TW181（シルバー）
C丸小 11／0 ＃3526（オレンジ）
Dクリスタルビーズ ソロバン 6mm（アンバー）
Eクリスタルビーズ ソロバン 4mm（ライトグリーン）

レースのモチーフ

88-95

パリの蚤の市でアンティークのレースに出会うと胸が高鳴ります。

繊細な糸で編まれた宝石のようなレース。

そんな私たちを魅了してやまないレースをビーズで作ってみました。

主に使ったのは丸特小ビーズとスレンダービューグル。繊細な表現を可能にしてくれます。

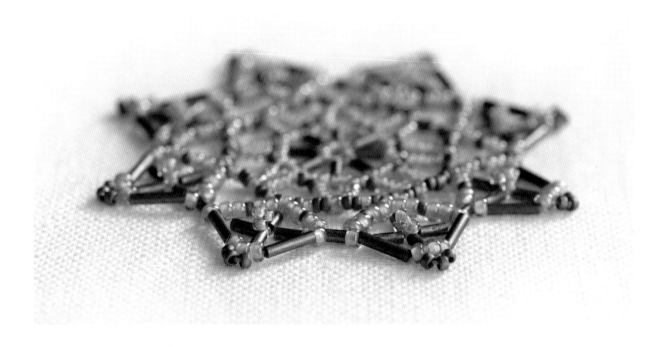

88　八角形のレース

比較的シンプルな線をレース風に描いたものです。段ごとに順を追っていけば、美しいモチーフができあがります。

★★
針

ビーズを糸に通して形を整え、布に留めつけるコーチングステッチをベースに刺していきます。かぎ針でレースを編むように中心から外へ広げていきます。

❶16等分の放射状の線を引く。中心にA8個をひとつずつ刺し、円を作る。

❷①のAに通しながらEとAを編みつけていく(ここではまだ布に留めない)。

A
E

❸②のAに通しながらAを3個ずつ通していく。円ができたらところどころ布に留めつける。

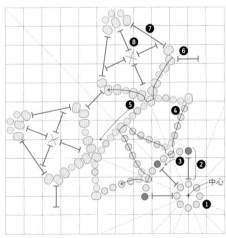

[200%拡大図]

中心

❹③で刺したAの真ん中を通しながらABCでループを8つ作る。

❺④のループの中央を通しながらABCで円を作る。Cを通すときに外側に引きながら布に留める。

❻⑤の中央Cに通しながらBCEでループを作る。Eは布に留めながら進む。

❼CDを山型に刺す。Cの真ん中に通しながらB3個でピコ(P.98)を作る。

❽⑦の山の中にEを十字に刺し、中心にA4個を立てる。

(横から)

A 丸特小 15/0 #2250(エクリュ)
B 丸特小 15/0 #2008(ブロンズグリーン)
C 丸小 11/0 #2250(エクリュ)
D スレンダービューグル 1.3×6 SLB2008(ブロンズグリーン)
E スレンダービューグル 1.3×3 SLB2008(ブロンズグリーン)

89 ピコのついたレース

編み物やレースの縁につける、小さい糸の輪や玉をフランス語でピコといいます。ここでは特小ビーズでピコを表現しました。線による表現に、ところどころピコを入れることで装飾性がぐっと高まります。

★★
針

この図案は空間が多いのでゆがむと目立ちます。放射状に図案線を描き、刺している間も等分を十分意識することが大切です。

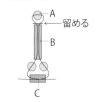

❶16等分の放射状の線を引く。中心にA8個をひとつずつ刺し、円を作る。

❷ABを放射線上に16本刺す。Aは穴の向きを横にする。

❸②のAをすくいながら間にAを2個ずつ通して円を作る。

❹Aを2個ずつまとめて刺す。

❺CとA2個を放射線上に交互に刺す。

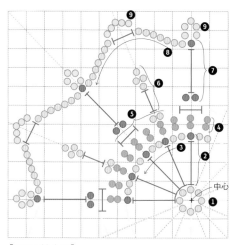

[200%拡大図]

❻Cを刺し、その先にA4個でピコをつける。

❼⑤のCに通してA2個、B1個、A1個を通す。Bの根元を布に留めて固定する。

A ── 留める
B
C

❽外側のラインをACでつなぐ。Cは布に留める。

❾Aを5個ずつAまたはCに通してピコを作る。

A 丸特小 15／0 #2069（玉虫マット）
B スレンダービューグル 1.3×6 SLB2008（ブロンズグリーン）
C スレンダービューグル 1.3×3 SLB2008（ブロンズグリーン）

90 アール・デコ風レース

幾何学的な模様をいかし、アール・デコが流行した当時としてはかなりモダンだったであろうスタイルをイメージしました。ビーズの色もヴィンテージ風で、パリの街角でこんな窓枠の建物に出会いそうです。

★★
針

同じ大きさのビーズを使っても左右対称にするのはなかなか難しいものです。布に留めつけるときに引き加減が違うと形にバラつきが出てしまうので、定規で長さを確認しながら進めるとよいでしょう。

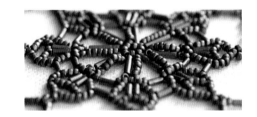

❶ 8等分の放射状の線を引く。中心にA8個をひとつずつ刺し、円を作る。

❷ A6個とBを並べて刺す（放射線上に8本）。

❸ ②の外側にAを3個まとめて刺す。

❹ ③の真ん中のAをすくいながらAとCを通していく。

❺ ACを刺す。2個並んだAの中心をを布に留める。

留める

A
C

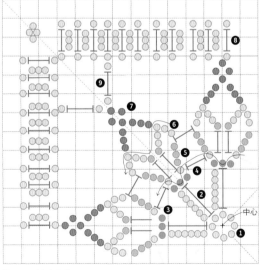

[200%拡大図]

❻ ⑤にAを編みつける。間にCを刺す。

❼ ⑥のAをすくいながら頂点にピコをつけてAを編む。ピコの根元を布に留める。

留める

❽ 外側をACで囲む。四隅にはA4個を刺す。

❾ ⑧の角の内側に⑦のピコとつなぐようにACを刺す。

A 丸特小 15/0 #2069（玉虫マット）
B スレンダービューグル 1.3×6 SLB2008（ブロンズグリーン）
C スレンダービューグル 1.3×3 SLB2008（ブロンズグリーン）

91 バラ窓

ゴシック建築の教会に見られるバラ窓。美しい大きな丸窓のステンドグラスは教会内部に幻想的な光を導きます。グレーのビーズを主体に構成したこの図案は、そんなバラ窓をイメージして作りました。

★★
針

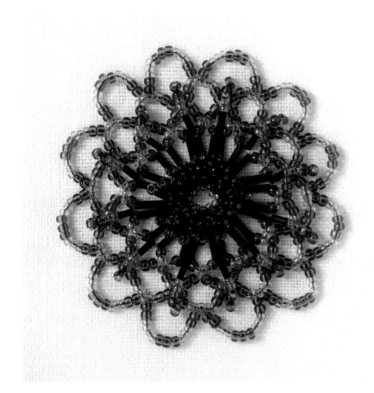

中心にビーズをすきまなく立たせ、雄しべがひしめき合っている感じを出します。ビーズのアーチはそのつど形を整えて、2〜4か所布に留めて固定します。

❶12等分の放射状の線を引く。中心にA12個をひとつずつ刺し、円を作る。

❷①の周りにすきまなく立てる。

（横から）

A
D

❸②の周りにすきまなく立てる。

（横から）

A
C

❹③の周りにC1個、B1個、A3個、B1個、C1個の順に通して刺す。BCの間の2か所を布に留める。

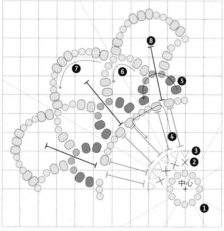

[200%拡大図]

A 丸特小 15/0 #174（ライトブルーグレー）
B 丸小 11/0 #152（グレー）
C スレンダービューグル 1.3×6 SLB401F（黒マット）
D スレンダービューグル 1.3×3 SLB401F（黒マット）

❺④のAのすぐ上から針を出し、ABでアーチを編む。ABの間の2か所を布に留める。

❻⑤の外側に同様にABでアーチを編む。ABの間の2か所を布に留める。

❼⑥の外側に同様にABでアーチを編む。ABの間の4か所を布に留める。

❽⑤をまたいでABDでブリッジを渡す。先端が少し浮くようにB1個分戻って布に留める。

（横から）
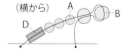
A
B
D

92 フラワー・シャドー

光るビーズの下の黒いスレンダービューグルが、影のようにも縁取りのようにも見える花の図案。花びらにはグレーの丸小ビーズでピコをつけ、ガラスビーズの持つ繊細な光が映えるモチーフです。

★★
針

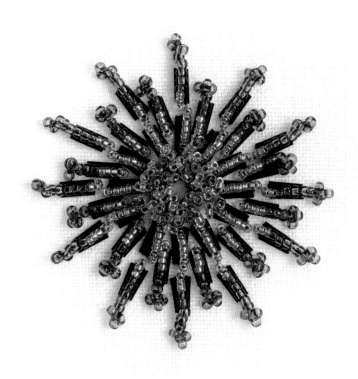

中心はビーズを立て、周りにスレンダービューグルの上に丸ビーズを重ねていくので、レリーフのような盛り上がりが表現できます。

❶12等分の放射状の線を引く。中心に**A**12個をひとつずつ刺し、円を作る。

❷❸❹それぞれビーズを①の周りに12本ずつ立てる。

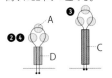

❺**C**を2本並べて刺し、上から**A**8個をかぶせるように刺す。

（上から）

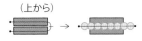

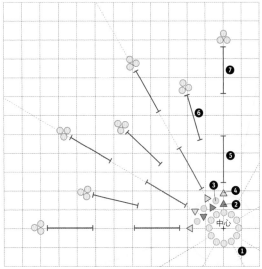

[200%拡大図]

❻**C**を2本並べて刺し、同様に上から**A**6個、**B**3個をかぶせるように刺す。先端に**B**3個を輪にして刺す。

（上から）

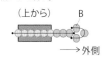

→外側

❼**C**を2本並べて刺し、同様に上から**A**3個、**B**5個をかぶせるように刺す。先端に**B**3個を輪にして刺す。

（上から）

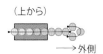

→外側

A丸特小 15/0 #263（アクアマリン）
B丸小 11/0 #152（グレー）
Cスレンダービューグル 1.3×6 SLB401F（黒マット）
Dスレンダービューグル 1.3×3 SLB401F（黒マット）

93 スレンダービューグルの菊

和菓子の「はさみ菊」や、ちりめんのつまみ細工を思わせる菊。菊はヨーロッパでもポピュラーですが、このイメージは和のものです。スレンダービューグルで先端のとがった花びらを表現しました。

★★
針

最初に12等分の図案線を引きますが、より正確にしたいのであれば24等分します。竹ビーズは断面で糸を切りやすいので丈夫な糸を選びます。

❶12等分の放射状の線を引く。中心にA12個をひとつずつ刺し、円を作る。

❷①の周りにACを12か所立てる。

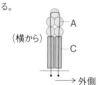

（横から）　A
　　　　　C
→外側

❸②の周りにABCを12か所立てる。

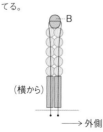

B

（横から）
→外側

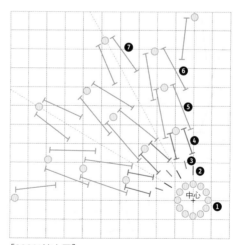

❼
❻
❺
❹
❸
❷
中心
❶

[200%拡大図]

❹DADの順にまとめて刺し、外側に倒してAの両脇を布に留める。③で刺したビーズを挟み込むように針の出し入れをする。

❺〜❼同様にCACの順に通して刺す。⑤⑥は④の延長上に、⑦は⑥の間に刺す。

A 丸特小 15/0 #217（ブルーグリーン）
B 丸小 11/0 #152（グレー）
C スレンダービューグル 1.3×6 SLB401F（黒マット）
D スレンダービューグル 1.3×3 SLB401F（黒マット）

94 パルメット

パルメットは古代エジプトやアッシリアが起源といわれる植物文様。そのパルメットが放射状に並んだようなモチーフになりました。オリエンタルなデザインのドレスに刺してみたくなる図案です。

★
針

等分のバランスに気をつけながら刺していきます。断面が三角形のシャープトライアングルというビーズをアクセントに使っています。

❶8等分の放射状の線を引く。中心にA12個をひとつずつ刺し、円を作る。

❷A 3個をまとめて刺す。全部で16本。

（横から）

❸abを交互に刺す。

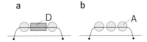

A 丸特小 15/0 #1826（マリンブルー）
B 丸小 11/0 #152（グレー）
C スレンダービューグル 1.3×6 SLB401F（黒マット）
D スレンダービューグル 1.3×3 SLB401F（黒マット）
E シャープトライアングル 8/0 STR401F（黒マット）

[200%拡大図]

❹ABを間に刺して円を一周させる。

❺8等分の線上にABCを刺す。Bは穴が横になるように刺す。

❻❺のBをすくいながらABEでアーチを作り、一周する。Eのみ布に留めつける。

❼❻の谷間に放射状にABを刺す。左右対称になるようにバランスよく。

❽円とアーチの間にAEを刺す。

95 六花

六角形の中に6枚の花びらを入れた、雪の結晶のようなかわいらしい図案。つないでスカートの裾やドレスに刺しても素敵です。

**
針

外側の六角形の枠を描いておき、中心から刺し始めます。花が枠におさまるよう、糸の引き具合や、ループの引っ張り具合を調節しながら進めます。

❶ 6等分の放射状の線を引く。中心にB6個をひとつずつ刺し、円を作る。

❷ ①のBにACを通す。ここでは布には留めない。

❸ ②のCをすくいながらB2個、C1個、B2個を通してつないでいく。②のCをすくうときに外側に引き、形を整えて布に留める。

A 丸特小 15/0 #2250（エクリュ）
B 丸特小 15/0 #2008（ブロンズグリーン）
C 丸小 11/0 #2250（エクリュ）
D スレンダービューグル 1.3×3 SLB2008（ブロンズグリーン）

［200％拡大図］

❹〜❻ 前段のアーチの中心のビーズをすくいながら編んでいく。前段のビーズをすくうときに布に留めつけながら進む。❻はアーチの中央にくるCも留める。

❼ ❻のCをすくい、ABDを立てる。ここでは布に留めない。

❽ ❼のCを外側に引きながら布に留め、B2個、C1個を交互に刺す。

❾ ❽のCをすくいながらA5個でアーチを作る。

❿ ❾の頂点を布に留めながらBCで外側のラインを刺す。

ガロン

96-118

帯状の縁飾りのことをフランス語でガロン（galon）といいます。
ジャケットやシャツの袖口、ドレスの裾や前立て、バッグやクッションの縁を
飾るのに使える連続模様を、幅の広いものから細いものまで紹介します。

96 ラインダンス

ビーズのフリンジは、糸を引きすぎると立ってしまい、ゆらゆらと下がらなくなってしまいますが、この図案はわざと糸をきゅっと締めてフリンジを立たせてみました、ダンスしているみたいですよね。

★★
針

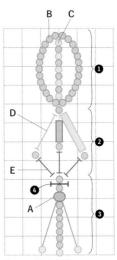

[200%拡大図]

❶Bで楕円の右側を一度に刺す。カーブを整え、途中2か所に布に留める。左側も同様に刺す。中心にBCを交互に刺す。

❷Bをひとつ刺し、DBEを一度に通して刺し、くの字にしてBのところで布に留める。中心にEBを刺す。

❸B2個、A1個を刺す。Aに糸を通しながらB7個とC1個でフリンジを3本作る。

❹C6個を一度に通してブリッジをかける。

縦長のモチーフを連ねて作った図案です。フリンジの糸を引いてしっかり足を立たせると、図案全体に動きがプラスされます。

A 丸小 11/0 #2250
（エクリュ）
B 丸特小 15/0 #2250
（エクリュ）
C 丸特小 15/0 #2008
（ブロンズグリーン）
D スレンダービューグル
1.3×6 SLB 2008
（ブロンズグリーン）
E スレンダービューグル
1.3×3 SLB 2008
（ブロンズグリーン）

97 レースモチーフのガロン

レース模様を意識しながらフリンジをつけてみました。並べて縁飾りにしてももちろんいいですが、ひとつをピアスやペンダントヘッドに仕立てても素敵です。

✲✲
針

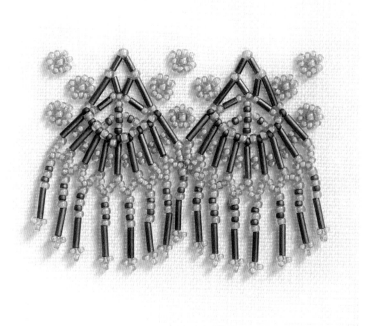

上から順に刺していくこともできますが、バランスをとりやすくするために真ん中のスレンダービューグルを並べるところから始めます。

❶DとAをまとめて9か所刺す。

❷①のAに通しながらBでループを作る。

❸②の真ん中を布に留め、それに通しながらフリンジを作る。真下に落ちるように一番上のAの下を布に留める。

❹①のDの上にCを穴を横に向けて刺す。

❺④に通しながらAを間に通す。

❻ビーズをまとめて刺して一番上の山を作る。ADの間を布に留める。頂点のAには両側からの糸を通す。

❼V字型にEを刺す。

❽Eを両脇にBを入れて刺す。

❾BCを図のように刺す。

❿①の間にBを2個ずつ刺す。

⓫好みで回りにABで作った小花を散らす。

A 丸小 11/0 #2250（エクリュ）
B 丸特小 15/0 #2250（エクリュ）
C 丸特小 15/0 #2008（ブロンズグリーン）
D スレンダービューグル 1.3×6 SLB2008（ブロンズグリーン）
E スレンダービューグル 1.3×3 SLB2008（ブロンズグリーン）

［200%拡大図］

98 シンプルなブレード

使い勝手のよいシンプルな図案です。ポケットの縁飾りにしたり、スカートの裾を飾ったり。中心から上下対称になっているので、半分だけを使うこともできます。

★
針／クロッシェ＋針

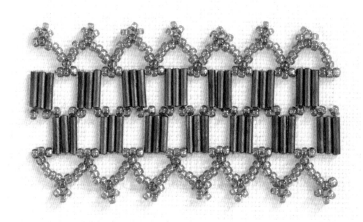

シンプルなだけに、少しでもずれると気になってしまいます。3本のスレンダービューグルはきっちりと縦に並べ、縁飾りは同じ形になるよう、小さいところに意識を向けながら刺します。

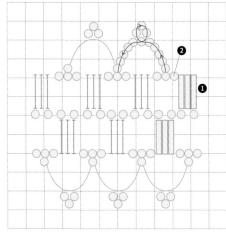

❶Bを縦に3本ずつ刺し、両端のBの先にAをひとつずつ刺す。

❷3本のBと同じライン上にAを3個刺す。真ん中のすぐ上に針を出し、Aを編んでいく。アーチの頂点のビーズの両脇を布に留める。

[200%拡大図]

A 丸特小 15/0 #1837（ベージュ）
B スレンダービューグル 1.3×6 SLB2008（ブロンズグリーン）

99 波打つフリンジ

ビーズのフリンジは作るのは大変ですが、出来上がったときの満足感は高いものです。特小ビーズの数を変えて波打つフリンジをつけてみました。お好みでもっと長くしても素敵です。

★★
針

特小ビーズをひとつずつ減らして並べ、きれいなグラデーションに。上からひとつ目のビーズを留めるときれいに落ちるフリンジになります。

❶上からD、A、C、Aの順にまとめて刺し、Dの下を小さいポワンで布に留める。

E
A
B
C
D

❷AとDで、Aが少し浮くようにして菱形に刺す。すぐ外側にBを5個ずつまとめて刺し、図案通りに刺して埋めていく。中心はB5個ずつを十字に重ねて刺す。

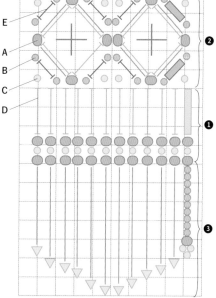

❸フリンジを作る。Bの数を10〜15個に調整し、グラデーションにする。先端はAをひとつ入れ、C3個で折り返す。Bのひとつ目の下を小さいポワンで留める。

A 丸小 11/0 #2250（エクリュ）
B 丸特小 15/0 #2250（エクリュ）
C 丸特小 15/0 #2008（ブロンズグリーン）
D スレンダービューグル 1.3×6 SLB 2008
　（ブロンズグリーン）
E スレンダービューグル 1.3×3 SLB 2008
　（ブロンズグリーン）

[200%拡大図]

100　ネット編みのガロン・1

かぎ針編みでネットを編むようにビーズを1段目、2段目と増やしていきます。ここでは3段までですが、もっと太いガロンにしたい場合は4、5段と増やして調節します。

★★
針／クロッシェ＋針

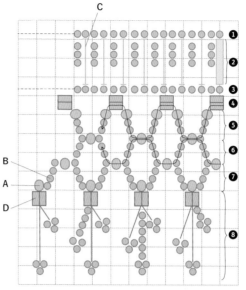

❶Bを横一列にラインで刺す。

❷CとB3個を交互にすきまなく刺す。

❸①同様Bをラインで刺す。

❹Dを穴が横を向くように7mm間隔で刺す。

❺〜❼Dに通し、ABでネットを編む。⑦の真ん中のBABを布に留める。

❽Dを縦に刺し、Dに通してフリンジを3本作る。

横に並んだラインは針でもクロッシェでも刺せますが、ネット編みとフリンジは針の仕事です。他のガロンもそうですが、上下を逆さまにしても面白い図案になります。その場合も同じ手順で刺します。

[200%拡大図]
A 丸小 11/0 #152（グレー）　B 丸特小 15/0 #1826（マリンブルー）
C スレンダービューグル 1.3×6 SLB401F（黒マット）
D シャープトライアングル 8/0 STR401F（黒マット）

101　格子模様のガロン

規則正しい四角で作るガロン。レースのような図案は布を埋め尽くさないので、服に刺したときに服地が見えます。ジャケットのポケット口やパンツの裾に刺してみたい図案です。

★★
針／クロッシェ＋針

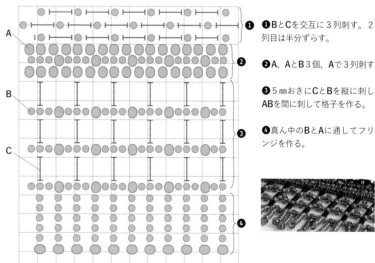

❶BとCを交互に3列刺す。2列目は半分ずらす。

❷A、AとB3個、Aで3列刺す。

❸5mmおきにCとBを縦に刺し、ABを間に刺して格子を作る。

❹真ん中のBとAに通してフリンジを作る。

フリンジ以外は針でもクロッシェでも刺せます。クロッシェの場合は数種類のアンフィラージュが必要ですが、長く作る場合はクロッシェのほうがおすすめです。

[200%拡大図]　A 丸小 11/0 #152（グレー）　B 丸特小 15/0 #217（ブルーグリーン）
C スレンダービューグル 1.3×3 SLB401F（黒マット）

102 とがったドーム

先がとがったイスラム寺院の屋根のような形のこのモチーフ、スレンダービューグルの上に
丸特小で縦長のピコをつけて表現しました。

＊＊
針／針＋クロッシェ

下半分はクロッシェでも刺せます。スレンダービューグルが×になっている部分は、Dのビーズをアンフィラージュして半分をジグザグに刺し、Bの部分は空ポワンで空けておきます。次にDとBをアンフィラージュして、中心にBを入れながら刺していきます。

❶B3個をまとめて刺す。

❷①の4本分でひとつの間隔とし、BDで×を刺す。

❸①と同様にB3個をまとめて刺す。

❹ABでアーチを刺す。

❺④のAに通しながらビーズを編む。CDは布に留めつけ、Aの脇も布に留める。

❻B8個でピコを作る。

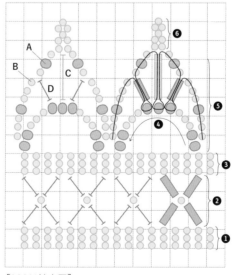

A 丸小 11／0 #152（グレー）
B 丸特小 15／0 #1826（マリンブルー）
C スレンダービューグル 1.3×6 SLB401F
　（黒マット）
D スレンダービューグル 1.3×3 SLB401F
　（黒マット）

［200％拡大図］

103　ネット編みのガロン・2

フリンジをちょっと変わった手法で作っています。1本をまっすぐ落としていくのではなく、根元が2本になり、最後に2本の間を隣とビーズのブリッジでつないで模様にしています。

★★
針／針＋クロッシェ

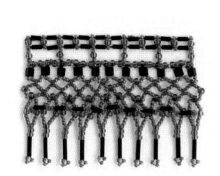

❶〜❹はクロッシェでも刺せます。通す順番を間違えないようにアンフィラージュしてください。

A 丸小 11/0 #152（グレー）
B 丸特小 15/0 #217（ブルーグリーン）
C スレンダービューグル 1.3×6 SLB401F（黒マット）
D スレンダービューグル 1.3×3 SLB401F（黒マット）
E シャープトライアングル 8/0 STR401F（黒マット）

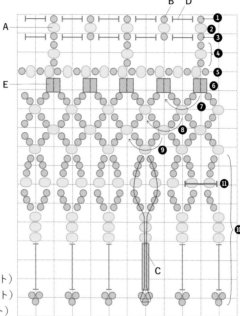

［200%拡大図］

❶❸BDを交互に横一列に刺す。

❷Aを穴が縦になるように刺し、❹BABを3個まとめて刺す。

❺ABを交互にアンフィラージュしてコーチングステッチで刺す。

❻Eを穴が縦に向くように5mm間隔で刺す。

❼〜❾ネットを編む。Aの両脇を布に留める。⑧⑨は前の段のAに通しながら編む

❿フリンジを作る。

⓫B2個、D1個、B2個でブリッジを渡す。

104　鱗文

糸で編むネットは柔らかい曲線を描きますが、スレンダービューグルでキリッとした直線を表現しました。日本の鱗文にも似て、和小物に刺したくなる図案です。

★
針／針＋クロッシェ

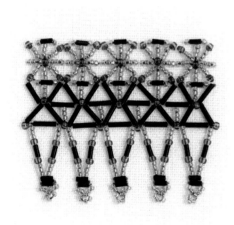

A 丸小 11/0 #152（グレー）
B 丸特小 15/0 #263（アクアマリン）
C スレンダービューグル 1.3×6 SLB401F（黒マット）
D スレンダービューグル 1.3×3 SLB401F（黒マット）

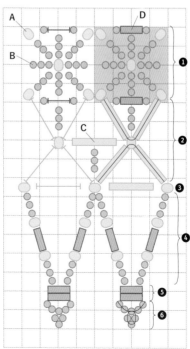

［200%拡大図］

❶10mm角の正方形（ピンクの部分）の四隅と中央にAを刺す。中にBを3個ずつまとめて刺し、上下にBDを刺す。

❷ACを図のように刺す。Bを3個まとめて刺す。

❸ACを横一列に刺す。

❹ABDをまとめて通してV字型にし、Dの両脇を布に留める。

❺D2個をぴったりとつけて刺す。

❻B5個を❺に通し、B3個でピコを作る。

105　肖像画の中のレース・1

ヨーロッパの美術館でよく見る昔の肖像画。16世紀ごろからレースが普及し、襟や袖飾りのついた服が多く見られるようになりました。これは袖口からふわっと手にかかるレースをイメージした図案です。

★
針／針＋クロッシェ

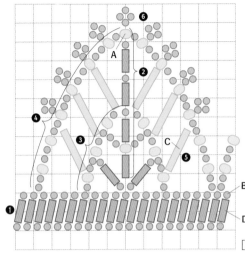

❶BとDをまとめて3個通し、下の帯を刺す。

❷ABDで中心線を刺す。

❸ABで内側の山を刺す。

❹ABで外側の山を刺す。

❺Cを斜めに刺す。

❻❹のAにB4個でピコを作る。

[200%拡大図]

刺す順番は、モチーフの軸になる部分はどこかを見て、そこから刺していきます。ここではまず下の土台、次に中心の直線。アーチの部分はビーズをすべて通し、コーチングステッチで留めていますが、布や用途によってひとつずつ刺してもいいでしょう。

A 丸小 11/0 #152（グレー）
B 丸特小 15/0 #174（ライトブルーグレー）
C スレンダービューグル 1.3×6 SLB401F（黒マット）
D スレンダービューグル 1.3×3 SLB401F（黒マット）

106　肖像画の中のレース・2

柔らかいドレープを描く繊細なレース模様。透明感のある丸ビーズを多く使ってフェミニンなイメージに仕上げました。

★★
針

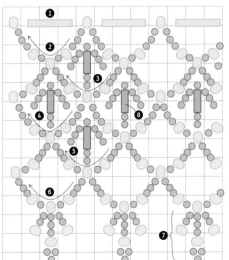

❶ACを交互に横一列に刺す。

❷①のAに通し、ABでループを作る。ところどころ布に留める。

❸〜❻同様に5段編む。

❼ABでフリンジを作る

❽ループの中にBDを刺す。

[200%拡大図]

ネット編みのようにビーズを編んで地を作り、その中にビーズで飾りを入れました。透明なグレーと黒マットのコントラストが映える図案です。

A 丸小 11/0 #152（グレー）　　　　C スレンダービューグル 1.3×6 SLB401F（黒マット）
B 丸特小 15/0 #174（ライトブルーグレー）　D スレンダービューグル 1.3×3 SLB401F（黒マット）

いろいろなガロン

使い勝手のよい、細い幅の図案を集めました。本書の中ですでに紹介してきた刺し方の応用です。

107

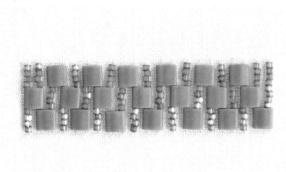

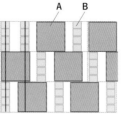

A B

[150%拡大図]

A ティラ TL410FR
（ラベンダーパープル）

B デリカ 11/0 DB680（パールベージュ）

B4個とAを縦にまとめて刺す。糸の出し入れは上下だけで真ん中は布から浮いている状態。しっかりと留めたい場合はAとBの間を留める。

108

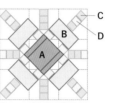

C
D
B
A

[150%拡大図]

A ティラ TL410FR
（ラベンダーパープル）

B ハーフティラ HTL2553（シルクパールグレー）

C デリカ 11/0 DB372（メタリック黄緑）

D デリカ 11/0 DB1458（ライトベージュ）

中心のAから刺し、外側に向けていく。CDはまとめて刺す。ひとつのユニットが正方形の中におさまるようにすきまなく刺していく。

109

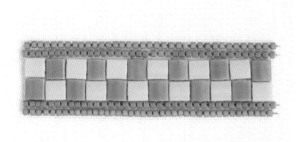

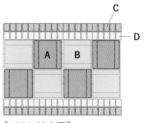
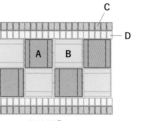

C
D
A B

[150%拡大図]

A ティラ TL410FR
（ラベンダーパープル）

B ティラ TL493FR（アイボリークリーム）

C デリカ 11/0 DB379（ライトパープル）

D デリカ 11/0 DB2105（ベージュ）

上下のデリカビーズはクロッシェで刺すのがおすすめ。ティラビーズは穴の向きを縦横交互にする。石畳のようにすきまなく刺す。

110

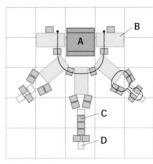

Aを中心に刺し、周りにBCを一度に通す。半円に整えてBの両脇を布に留める。Bの外側の穴に通してフリンジを作り、Bは布に留める。

［150%拡大図］

A ティラ TL410FR（ラベンダーパープル）
B ハーフティラ HTL493FR（アイボリークリーム）
C デリカ 11/0 DB379（ライトパープル）
D デリカ 11/0 DB1458（ライトベージュ）

111

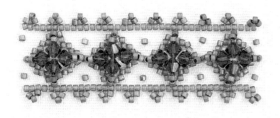

❶Aで上下のラインを刺す。
❷中心から針を出し、CBをまとめて刺す。
❸Cの周りをAでジグザグに刺す。
❹①のラインにBでピコをつけていく。

［150%拡大図］

A デリカ 11/0 DB2046（マスタードグリーン）
B デリカ 11/0 DB334（ライトゴールドマット）
C クリスタルビーズ ソロバン 4㎜（カーキ）

112

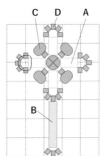

（横から）

❶中心にCDを立てる。
❷①の周りにAを十字に刺し、外側の穴にD5個を通す。
❸Aの間にDCを刺す。
❹BとD3個でフリンジを作る。

［実物大］

A ハーフティラ HTL493FR（アイボリークリーム）
B ツイスト 2.0×12 TW2022（マットクリーム）
C 丸特大 6/0 #3215（クリスタルオレンジ）
D デリカ 11/0 DB2044（シャインローズ）

113

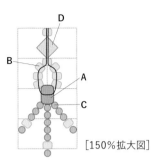

[150%拡大図]

Aをひとつ中心に刺し、Aに通して上にBDを通す。Dの上下を布に留める。Aのすぐ下から針を出し、3本フリンジを作る。

A 丸大 8/0 #3746（ブルーアンバー）
B 丸小 11/0 #3746（ブルーアンバー）
C 丸特小 15/0 #1837（ベージュ）
D クリスタルビーズ ソロバン 4mm（ライトブルー）

114

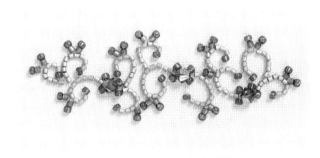

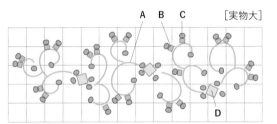

[実物大]

A デリカ 15/0 DBS 335
（白マット）
B デリカ 11/0 DB 631（グレー）
C 丸小 11/0 #650
（スモーキーグレー）
D クリスタルビーズ ソロバン 4mm
（グレー）

Aをラインで刺し、BCDを刺す。

115

[150%拡大図]

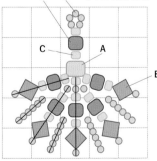

中心にAを刺す。Aに通して上へ向かい、BCDを通してBの上下を留める。Aのすぐ下から針を出し、BCDEを扇状に一列ずつ刺す。途中数か所を布に留める。

A 特大 6/0 #3740（ブルーグレー）
B 丸大 8/0 #3743（マリンブルー）
C 丸小 11/0 #3743（マリンブルー）
D 丸特小 15/0 #174（ライトブルーグレー）
E クリスタルビーズ ソロバン 4mm（グレージュ）

116

[150%拡大図] B C D

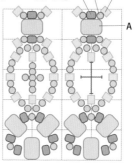

A

上のAを刺し、上下にBCDを刺す。CDを片側11個ずつ通して楕円を作り、数か所布に留める。楕円の中に横にC3個、それをまたいで5個刺して十字を作り、上下にDをひとつずつ刺す。下にABCで丸くフリンジを作る。

A 特大 6/0 #3740（ブルーグレー）
B 丸小 11/0 #650（スモーキーグレー）
C 丸特小 15/0 #4201（シルバー）
D デリカ 11/0 DB1458（ライトベージュ）

117

A B C D

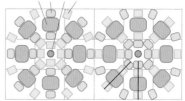

[150%拡大図]

中心にCを刺す。その周囲に放射状にビーズをまとめて刺す。円周上にBまたはDを刺す。

A 丸大 8/0 #3530
　（イエローグリーン）
B 丸小 11/0 #3530
　（イエローグリーン）
C 丸特小 15/0 #2304
　（メタリックパープル）
D デリカ 11/0 DB1164（黄マット）

118

A B C

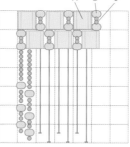

横1列にAとBCを交互に刺し、それを2列刺す。すぐ下に針を出し、長さの違うフリンジを交互に作る。ひとつ目とふたつ目のビーズの間を布に留めるとフリンジが下に下がって落ち着く。

[実物大]

A ティラ TL2035（ライトブロンズ）
B 丸大 8/0 #2250（エクリュ）
C 丸特小 15/0 #2250（エクリュ）

自分らしい「その先」の刺繍へ

　刺繍は自分らしさを表現できるアート。素材を選び、さまざまなテクニックを駆使して、描いたイメージを形にしていきます。簡単にできるものもあれば、試行錯誤が必要なものもあります。トライアルと失敗を重ねた末に、ようやく表現したかったものにたどり着く、ということもしばしばです。ものづくりの感性は育てていくもの。作ることを続けていく中で、何を表現したいのか、どんなものを作ると心地いいのか、時間をかけて納得のいく自分らしさを見つけていくことが、手仕事の醍醐味なのだと思います。

　この本の中には、そんな自分テイストを見つけるためのヒントが織り込まれています。それぞれの図案をよく見ると、さまざまなステッチの組み合わせでできていることがわかります。本書はパターン＆モチーフ集ですが、ステッチのアイデアブックでもあるのです。図案をそのまま使ってもいいですし、ビーズの色や大きさを変えれば、それだけで雰囲気の違うものができあがります。さらにステッチを自在にアレンジしてオリジナル作品に展開することも可能です。大切なのは、想像力と応用力。無限の広がりをもったあなただけの世界観を手にするために、この本がお役に立てたらうれしいです。

Ma garde-robe de perles　ビーズワードローブ作りのすすめ

好きなビーズを見つけるヒント

ビーズの色は単純に色そのものだけでなく、質感や光の反射などの要素も加わります。それを意識しながら自分の「好き」を改めて見つめると、組み合わせがもっと楽しくなります。

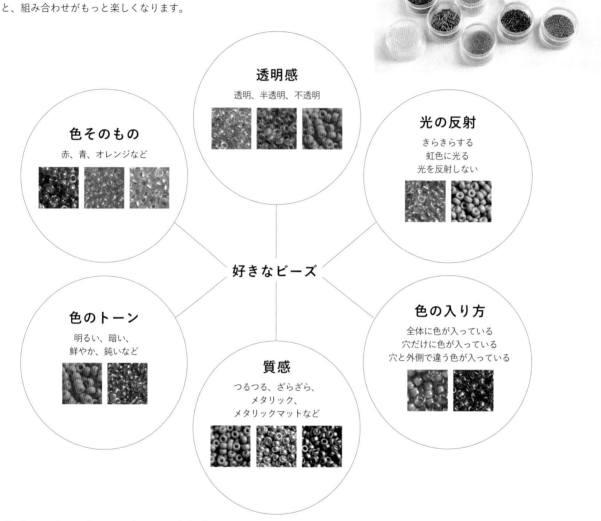

透明感
透明、半透明、不透明

光の反射
きらきらする
虹色に光る
光を反射しない

色そのもの
赤、青、オレンジなど

好きなビーズ

色の入り方
全体に色が入っている
穴だけに色が入っている
穴と外側で違う色が入っている

色のトーン
明るい、暗い、
鮮やか、鈍いなど

質感
つるつる、ざらざら、
メタリック、
メタリックマットなど

自分のビーズワードローブを作ってみる

私がビーズ選びで実践している方法を紹介します。それはお気に入りのファッションアイテムがつまったクローゼットのように、ビーズの小さなストックルーム、つまり自分だけの「ビーズワードローブ」を作ること。右ページの写真はこの本で使用した丸ビーズを、大きさ別に並べて刺したものです。つまり、これらは私のワードローブから選んだ色。こうして見ると自分がどんなビーズを好んで使っているかがわかります。

丸特小はアースカラーや寒色系が多く、丸小が一番カラフル。丸大と特大は他の色に合わせやすい中間色が多くなっています。加工で言うと、中染、ラスター、マット系、メタリックマット、ゴールドなどが主流。このように、手持ちのビーズを少量ずつでもいいので並べて刺してみると、自分の好みがわかってきます。

丸特小ビーズ 15/0
#4201 #152FR #263 #306 #196 #135 #379 #2304
#4202 #174　#1614 #2008 #2250 #2006 #336 #142FR
#401F #1826 #217 #2069 #195 #1837 #198 #134FR

丸小ビーズ 11/0
#1920 #4506 #3746 #4512 #311 #1935 #1937 #2034
#401F #650 #3743 #3530 #2250 #1936 #3526 #198
#401 #152 #216 #2032 #234 #196 #235 #155FR

丸大ビーズ 8/0
#1104 #3743 #3746 #3530 #195 #2250 #2195

特大ビーズ 6/0
#3530 #3211 #3740 #3216 #3215

ビーズワードローブを充実させるには？

自分の「好き」が見えてきたら、あとは好みに沿って少しずつビーズの種類を増やしていきます。このとき、作品を作る上で「こういう色を持っておくと作品の幅が広がり、より繊細なニュアンスを表現できる」というタイプのビーズがあります。

1.どの色にも合う色を持つ

それは白系、ベージュ系、ブラウン系、グレー系、黒といったニュートラルな色。キラキラしたものが好みならゴールドとシルバーも加えてみます。1色だと平面的になりがちなところに、もう1色足していくと奥行きのある立体感が生まれます。なんとなく全体がぼんやりしているときにも「1色プラス」は効果的です。

Motif 26

Motif 108

朱赤のビーズの水玉模様にベージュを加えて落ち着いた雰囲気に。

コントラストの強いラベンダーと黄緑。薄いグレーとベージュを挟むことで優しい印象に。

2.サイズ違いで揃える

特に好きなビーズがあったら、サイズ違いで揃えておくと組み合わせの幅がぐっと広がります。同じ色番号でも、丸大と特小では受ける印象がまったく違います。それをひとつの作品の中で組み合わせることでコントラストが生まれます。

#3743 丸小11/0 丸大8/0　#3530 丸大8/0 特大6/0　#2250 丸小11/0 丸大8/0　#195 丸大8/0 特大6/0　#3746 丸小11/0 丸大8/0

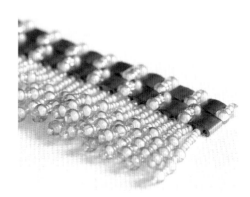

フリンジに大小の同じビーズを組み合わせて。特小は特大の穴に入り込んでしまうので、間に丸小を入れるなどの工夫が必要。

3.質感の違いで揃える

同じ系統の色の中に、光沢のあるものとマットなものなど質感の違いを揃えておくと、奥行きや立体感を出したいときなどに、さりげないニュアンスを加えることができます。

Motif 60

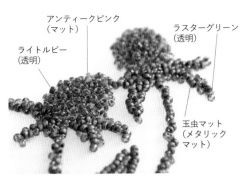

アンティークピンク
（マット）

ラスターグリーン
（透明）

ライトルビー
（透明）

玉虫マット
（メタリック
マット）

茎と葉はグリーン系のツヤあり＆メタリックマット。花にはピンク系の透明＆マットのピンクでニュアンスを出しています。

Motif 63

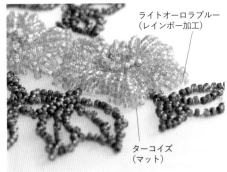

ライトオーロラブルー
（レインボー加工）

ターコイズ
（マット）

花びらは1段目にレインボー加工のブルー、その上からマットなブルーを混ぜてアーチをかけています。

4.同じ色を形違いで揃える

作品全体にまとまりが欲しいときや色数を増やしたくない場合は、同じ色で違う形のビーズが便利です。

Motif 97

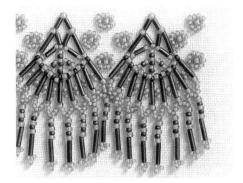

スレンダービューグルの6mm、3mmと特小ビーズをブロンズグリーンで揃えて使ったモチーフ。

Motif 39

角度で見え方が変わるものもあります

穴の部分に色がついている中染のビーズは穴を上に向けて刺すのと、横に向けて刺すのでは色の見え方がまったく違います。使い方の幅が広いビーズです。

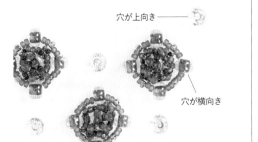

穴が上向き

穴が横向き

Niveau avancé　応用作品

これまで紹介したモチーフの応用作品を紹介します。モチーフはそのまま使うだけでなく、どんな風にできているか刺し方を分解し、小さなステッチを組み合わせることで全く違う刺繍に生まれ変わります。

Motif106、111、117からの応用。

Chemisiers

クラシカルなレースモチーフを、アンティークレースとともに白いブラウスにあしらいました。ビーズはアンティークゴールドの特小とメタリックマットの組み合わせ。前立て、襟、袖口に刺すことで印象ががらりと変わります。布が2枚に仕立ててある部分なので、表の布だけをすくい、裏に糸を渡さないように針で刺していきます。糸は2本どりで、かぎ針のネット編みのような部分では中心のビーズは布に留めます。一番の注意点は糸の引き加減。つれないように、ゆるみすぎないようにするのがポイントです。

Coussins

ふたつのクッションは肌触りのいいリネンで。違う図案でもビーズの種類を揃えることで統一感のある仕上がりになりました。

左／大きさの異なる3種類のビーズで唐草模様を表現。丸い部分はヴェルミッセルで埋めたものと、137の手法で中心を盛り上げたものと2種類をバランスよく配置。

右／葉と茎の部分はデリカ15/0、特小、丸大と大きさの違うビーズを組み合わせてクロッシェで。このような透けない布の場合、クロッシェの部分が多ければ図案は裏に写します。針の部分は裏からクロッシェでシュネットを刺したものを図案にします。

Motif40、60からの応用。　　　Motif41、10、49からの応用。

Chaussettes

靴下には刺繍枠をかけられないので、糸の引き加減に気をつけながらそのまま針で刺します。履くときに横に伸びるので、図案は縦長を選ぶのがベター。ジオメトリックなモチーフは編み目に沿って刺し進めることができるので、図案を描かずに左右中心と刺し始めの位置だけに印をつけます。

Motif3、30、98からの応用。

Chaussures

ハーフティラとデリカで構成したモザイクタイルのようなモチーフ。革のスニーカーに細い針で刺繍することは難しいので、別布に刺繍して貼りつけます。細かく素材の間を糸で留め、浮かないように刺しています。

Motif71からの応用。

Motif 61からの応用。

Gilets

シックな色合いのモチーフを優しい色合いに変え、
子ども用のカーディガンに刺しました。ニットな
ど図案が描けない素材に刺繍するときは、薄葉紙
などに図案を描いて仮留めし、紙も一緒に刺しま
す。刺繍ができたら紙を破ってとりのぞきます。

左上から時計回りにMotif13、Motif13、Motif12、Motif11、Motif11、85、Motif12を応用したブローチとピアス。

Bijoux

上／格子模様のモチーフをベースにした四角いアクセサリー。格子の幅を狭くして3種類の大きさの違うビーズをランダムに混ぜることで印象的な仕上がりに。作り方は、シルクオーガンジーなど（薄い布がおすすめ）に刺繍をして周りの布を少し残してカットします。裏に折り込み、台布を接着剤で貼って金具をつけます。

右上／ピアスとペンダントトップのセット。ティラビーズのバラをハーフティラに替えて作ったら、菊のようになりました。上質感のある14KGFの金具を合わせています。

右下／メタリックなハーフティラとクリスタルビーズを合わせてきらきら光るアクセサリーに。ペンダントには外側にもクリスタルビーズと丸特小を通してゴージャス感を出しました。

（上）Motif64からの応用、（下）Motif77からの応用。

Motif38、56、57からの応用。

Tableaux

葉の部分は植物モチーフで多く用いたテクニック。ジグザグにビーズをつけて輪郭をとり、花穂の部分はMotif 38の刺し方がベース。数種類のビーズをミックスして長さを変えたものを斜めに立てています。

上／この作品で一番多く使っているのが透明なビーズ。濃い色の布につけるときらきら光ります。葉と茎をクロッシェでジグザグに刺したあと、葉の内側に数種類の素材をミックスしながら針で表から刺し、ニュアンスをつけています。

右／根元のビーズだけに2度糸を通して斜めに倒します。ここではナチュラルな雰囲気を出したかったので、ビーズの長さも斜めの角度もそれぞれ異なるように1本ずつ調整しています。

杉浦今日子　Kyoko Sugiura

パリ在住・刺繍家。東京で刺繍作家・講師として活動ののち2009年に渡仏。Kyoko Créationの名で自身の創作活動のかたわら、年2回のオートクチュールではパリの刺繍アトリエで職人として刺繍制作に携わる。独自の素材やモチーフを開拓し、繊細な手わざを限りなく積み重ねていく手法はフランス工芸アートの世界でも高く評価されている。ヨーロッパの芸術と刺繍の歴史を巡り旅することがライフワーク。フランス工芸作家協会Ateliers d'Art de France会員。
https://www.kyokocreation.com/
instagram.com/kyoko_creation_broderie/

ブックデザイン　若山嘉代子　佐藤尚美　L'espace
撮影　杉浦岳史
図案・イラスト　大森裕美子(tinyeggs studio)

協力　株式会社 MIYUKI　https://www.miyuki-beads.co.jp
ビーズファクトリー　https://www.beadsfactory.co.jp

裏表紙の作品：micros-1-(部分) 73×50cm 2016年
P.1の作品：(上)Rythme-1-(部分) 30×30cm 2020年
　　　　　　(下)La fleur et son nid-4-(部分) 30×21cm 2017年

クロッシェ・ド・リュネビルとニードルによるパターン&モチーフ集

オートクチュールのビーズ刺繍

2021年3月15日　発行　　　　　　　　　　NDC594

著　者　杉浦今日子
発行者　小川雄一
発行所　株式会社 誠文堂新光社
〒113-0033 東京都文京区本郷 3 - 3 - 11
[編集]電話03-5805-7285
[販売]電話03-5800-5780
https://www.seibundo-shinkosha.net/
印刷・製本　図書印刷 株式会社